保险扶贫的小数实践研究

—— 基于宁夏盐池范例的小数法则探索

吴 华 李 飞 谭 博 汪力鼎 著

中国农业出版社

北 京

前　言

在脱贫攻坚工作实践中，我们发现了一个值得关注的现象，就是保险工作重心逐步向县域和农村下沉，涌现出一批专门针对贫困地区和贫困人口的保险产品。比较典型的是宁夏回族自治区盐池县推广的"2＋X扶贫保"。盐地县在保险扶贫方面做了大量有益探索，回答了如何保障小品种、如何服务小市场和如何服务小群体3个重要问题。

一是开发支持地方优势特色产业的一揽子保险产品，有效保障小品种。盐池县位于干旱和半干旱地区，气候水土条件不适宜发展大宗农产品的种植、养殖业，滩羊、黄花菜、中药材等地方优势特色产业则发展良好，并在全国享有盛誉，但缺乏有效保险保障措施覆盖风险。针对这种情况，盐池县积极与当地保险公司合作，创设"2＋X扶贫保"产品。其中的"X"就是包含8类农业保险产品的农业保险综合产品。这些产品支持了黄花菜、马铃薯、玉米、荞麦、滩羊、能繁母猪等6个小品种，涵盖了成本保险、收益保险、产量保险、养殖保险等多种类型，形成了与大宗农产品保险相互配合的多层次产业保险体系，对推动地方优势特色产业品牌化、规模化发展起到了重要作用。

二是帮助保险公司降本增效，提高保险公司参与积极性，有效服务小市场。地方特色农业地域性较强，市场规模小，风险随机性高，容易出现短期价格陡涨陡跌的现象，给保险公司的产品开发、定价、承保、理赔等带来了很大困难，保险公司参与的积极性不高。针对这种情况，盐池县对全县的产业进行了整合，将具备一定规模的农业产业全部纳入保险范围，形成规模效应，提高了保险公司参与的积极性。在此基础上，设立保险风险补偿基金，确保保险公司能够盈亏平衡，保障保险公司利益。政府也积极发动县乡村三级金融服务体系和基层组织，在宣传推广、承保理赔等方面提供支持，降低保险公司时间成本和人力成本。

三是为贫困农户提供全方位、多层次保险保障，有效服务小群体。除产业风险以外，农户还较易受到人身意外伤害和疾病困扰，而家庭劳动力病残又会影响产业发展、降低收入，形成返贫的恶性循环。建档立卡贫困户以外的普通农户特别是边缘户也容易受到此类风险的影响，变成新的贫困农户。针对这种情况，盐池县将人身意外伤害保险和大病补充医疗保险纳入了保险扶贫的支持范围，"2＋X扶贫保"中的"2"就是大病补充医疗保险和家庭成员意外伤害保险，在建档立卡贫困户全覆盖的基础上，将普通农户也纳入保障范围，进行同等财政补贴，扩大了县域内小群体的范围。

盐池县通过保障小品种、服务小市场、服务小群体的保险扶贫，帮助建档立卡贫困农户收入快速增长，全县于2018年整体脱贫摘帽。包括"2＋X扶贫保"在内的盐池金融扶贫模式荣获2018年全国脱贫攻坚组织创新奖。

我们对盐池等地的保险扶贫实践进行了讨论，发现这些保险扶贫产品并不完全遵循"大数法则"。一方面，欠发达地区缺乏"大数法则"发挥作用所依赖的各类历史数据以及完善的保险市场，风险随机性高，难以形成有效的保险定价。另一方面，欠发达农村细分市场和弱势群体对保险有迫切需求，等待市场定价存在难度。在传统保险市场失灵的情况下，"小数实践"应运而生。这一创新具有精准、特惠的特点，精准对接欠发达地区产业发展特点和弱势群体保险需求，从产品设计、费率制定到理赔全流程都体现了特惠，是精准扶贫和普惠金融在基层实践的有机融合。

我们将这种基于基层实践的创新进行总结提炼，尝试称之为"小数法则"。"小数法则"是脱贫攻坚时期的一项保险理论创新，实质是发挥中国制度优势，调动政府"看得见的手"和市场"看不见的手"，纠正市场失灵。地方政府调动三级金融服务体系和基层组织的力量，帮助保险公司开展承保理赔等各项工作；保险公司讲政治、顾大局，将有效资源倾斜注入欠发达地区，增加保险供给。而协商定价、风险补偿基金等制度性安排则保证了保险公司能实现保本微利，让这项工作得以稳定延续。

"小数法则"一经提出，就在保险学界引发热烈讨论，有的学者对我们的观点比较认同，有的学者则认为这些新的实践仍然没有跳出"大数法则"的范畴。我们审慎地看待这些争论，认为在短时间内形成统一看法有困难，但是这一实践创新解决了欠发达地区的实际问题，值得留下一笔。因此，将本书定名为《保险扶贫的小数实践研究——基于宁夏盐池范例的小数法则探索》。

本书的编写得到原国务院扶贫办、人保财险和北京工商大学等单位相关同志、专家的指导、帮助，得到宁夏盐池县政府相关部门的支持，在此一并致谢。另外，本书也查阅和引用了大量的数据和文献资料，如有个别引述文献遗漏，敬请谅解。由于笔者水平有限，书中难免有疏漏和不足之处，欢迎读者批评指正，共同探讨提高。希望本书能够给保险支持乡村振兴工作提供一些借鉴和启发。

目　录

前言

目 录

第 一 章

绪　　论

保险扶贫是国家脱贫攻坚的重要力量之一。在保险行业积极推进精准扶贫的过程中，宁夏回族自治区吴忠市盐池县的"2＋X 扶贫保"系列产品与当地特色产业相互结合，实现保险和产业的深度互动，取得了良好效果。保险扶贫在不断拓展保险覆盖面、完善产品种类、提升保障水平的同时，也助推了当地产业做大做强和盐池地区脱贫富民。以"2＋X 扶贫保"为重要组成部分的盐池扶贫模式曾荣获 2018 年全国脱贫攻坚组织创新奖。本报告以宁夏盐池县为案例，以盐池县 2015—2019 年的相关数据为基础，分析一种区别于传统大宗农产品保险的险种——地方特色农产品保险的发展历程及其在政策、产品、服务、机制和理论等方面的小数实践，为保险扶贫创新及下一步保险参与精准扶贫和乡村振兴提供案例参考。本章主要介绍国家脱贫攻坚与保险扶贫的历史背景，以及本报告的研究内容、研究框架和研究方法。

第一节　研究背景

盐池县开展保险扶贫小数实践具有深厚的历史背景。2015 年，党中央、国务院做出"全面打赢脱贫攻坚战"的决定，消灭绝对贫困现象的战斗冲锋号被吹响。消除贫困、改善民生、逐步实现共同富裕，是社会主义的本质要求，是党的重要使命。全面建成小康社会是党对全国人民的庄严承诺。要打赢脱贫攻坚战，发展产业是根本之策，必须紧紧围绕产业发展这一中心，综合运用金融、科技等多种手段，帮助以小农经济为主的贫困户发展壮大农业产业。其中，保险因其"扶危济困"的特殊属性，在助力产业发展方面发挥了越来越重要的作用。

一、保险扶贫的相关概念

保险扶贫是金融扶贫的重要组成部分。保险扶贫是指保险机构利用保险机制开发保险产品（含扶贫专属保险产品），对贫困地区、贫困人口的产业发展、疾病意外等风险进行分散，并对其因自然灾害、价格波动、疾病、人身意外而发生的损失或医疗费用进行补偿或给付的活动。

保险扶贫具备定向、精准、特惠和创新等特点。其中，定向是指针对贫困地区发挥保险的经济补偿功能，主要发挥保险产品的保障、增信和资金融通功能；精准是指保险扶贫精准对接国家级（省级）贫困县，精准对接建档立卡贫困户，创设保险扶贫政策，搭建扶贫信息与保险业信息共享平台，开发针对性的扶贫保险产品，提供多层次的保险服务，确保对象精准、措施精准、服务精准、成效精准；特惠是指通过提高保障水平、降低保险费率、优化理赔条件和实施差异化监管等方式，突出对建档立卡贫困户的特惠政策和特惠措施，为建档立卡贫困户提供优质便捷的保险服务，增强贫困人口抗风险能力，构筑贫困地区产业发展风险防范屏障；创新是指金融扶贫是在中国脱贫攻坚战特定的环境下诞生的，保险机制运用于扶贫工作，需要开展一系列的创新，包括政策创新、产品创新、服务创新、机制创新乃至理论创新。

扶贫保险是具有福利特性、发挥扶贫功能的一种保险业务。扶贫保险产品包括产业保险产品、大病保险产品、扶贫融资保险产品等。

二、保险扶贫是脱贫攻坚的重要力量

长期以来，党和国家一直致力于提高人民生活质量、提升经济社会发展水平。特别是党的十八大以来，"扶贫开发"被摆到治国理政的重要位置，提升至事关全面建成小康社会、实现第一个百年奋斗目标的新高度。党和国家创新扶贫方式，出台"精准扶贫"系列重大政策措施，扶贫开发取得重大成就。2015年10月29日，党的十八届五中全会通过了《中共中央关于制定国民经济和社会发展第十三个五年规划的建议》，明确提出实施脱贫攻坚工程，指出农村贫困人口脱贫是全面建成小康社会中最艰巨的任务。随后，《中共中央 国务院关于打赢脱贫攻坚战的决定》发布，其中对实现十八届五中全会确定的脱贫攻坚目标做出具体部署，并指出脱贫攻坚战的总体目标是："到 2020 年，稳定实现农村贫困人口不愁吃、不愁穿，义务教育、基本医疗和住房安全有保障。实现贫困地区农民人均可支配收入增长幅度高于全国平均水平，基本公共服务主要领域指标接近全国平均水平。确保我国现行标准下农村贫困人口实现脱贫，贫困县全部摘帽，解决区域性整体贫困。"

2017 年，党的十九大报告明确把精准脱贫作为决胜全面建成小康社会必须打好的三大攻坚战之一。2018 年发布的《中共中央 国务院关于打赢脱贫攻坚战三年行动的指导意见》中明确提出："到 2020 年，巩固脱贫成果，通过发展生产脱贫一批，易地搬迁脱贫一批，生态补偿脱贫一批，发展教育脱贫一批，社会保障兜底一批，因地制宜综合施策，确保现行标准下农村贫困人口实现脱贫，消除绝对贫困；确保贫困县全部摘帽，解决区域性整体贫困。实现贫困地区农民人均可支配收入增长幅度高于全国平均水平。实现贫困地区基本公共服务主要领域指标接近全国平均水平……集中连片特困地区和革命老区、民族地区、边疆地区发展环境明显改善，深度贫困地区如期完成全面脱贫任务。"

保险天然具有帮助弱势群体、增加社会福利的功能。党中央、国务院高度重视发挥保险在脱贫攻坚中的重要作用。《中共中央 国务院关于打赢脱贫攻坚战的决定》明确指出保险扶贫在脱贫攻坚中的重要作用，要求积极发展扶贫小额贷款保证保险，对贫困户办理该项保险的保险费（以下简称保费）予以补助。扩大农业保险覆盖面，通过中央财政以奖代补等支持贫困地区特色农产品保险发展。加强贫困地区金融服务基础设施建设，优化金融生态环境。支持贫困地区开展特色农产品价格保险，有条件的地方可给予一定保费补贴。保险作为防范、化解风险的重要且有力的金融手段，能够有效统筹利用社会扶贫资源，为国家脱贫攻坚战略提供强有力的支撑。

保险作为金融扶贫的重要内容，是扶贫开发政策体系的重要组成部分，在脱贫攻坚中发挥着重要的风险保障、融资和社会管理功能。

首先，保险在产业扶贫中能够发挥风险保障功能。贫困地区地方产业尤其是特色产业往往面临较高的自然灾害风险和市场价格风险。保险公司根据各地产业结构的不同，设计不同类型的保险产品，能够有效分摊物化成本损失乃至价格收入损失，为地方特色产业稳定发展保驾护航。

其次，保险在产业扶贫中能够发挥融资功能。保险业的发展所带来的一个直接的结果是保险资产管理规模的大幅度提升，国内保险业自 1979 年复业，经过多年发展，到 2019 年总资产达到 20.56 万亿元，首次突破 20 万亿元。2019 年，保险资产管理业参与主体增加至 35 家，管理总资产达到 18.11 万亿元。保险业拥有的海量资金可以运用到贫困地区的股权和债权投资中来。2016 年，中国保险监督管理委员会①（以下简称保监会）发起设立中国保险业产业扶贫投资基金，引导保险公司投资地方扶贫项目，为地方产业发展扩大资金渠道。

最后，保险在产业扶贫中能够发挥社会管理的功能。保险通过理赔承担了部分政府救助的功能，保障了贫困户的生产生活，避免他们在遭受损失时出现社会不稳定因素，有效缓解地方政府财政压力和维稳压力。

保险在产业扶贫中的三大功能并不是彼此割裂的，而是形成了投资与保险联动的模式。保险公司在直接投资于贫困地区特色产业的同时，配套跟进农业保险、小额贷款保证保险等产品，提高贫困群体抵御风险的能力。这使保险成为产业扶贫的重要工具，保险扶贫也成为国家脱贫攻坚的重要力量。

在此背景下，2016 年《中国保监会 国务院扶贫开发领导小组办公室关于做好保险业助推脱贫攻坚工作的意见》发布，其中要求充分发挥保险行业体制机制优势，履行扶贫开发社会责任，全面加强和提升保险业助推脱贫攻坚能力，助力"十三五"扶贫开发工作目标如期实现。同时，要求保险公司精准对接脱贫攻坚多元化的保险需求。保险公司要认真研究致贫原因和脱贫需求，积极开发扶贫农业保险产品，满足贫困户多样化、多层次的保险需求。要加大投入，不断扩大贫困地区农业保险覆盖面，提高农业保险保障水平。要立足贫困地区资源优势和产业特色，因地制宜开展特色优势农产品保险，积极开发推广目标价格保险、天气指数保险、设施农业保险。

三、小数实践成为保险扶贫的重要创新

近年来，随着全球气候变化加剧和各类自然灾害频发、农产品价格大涨

---

① 中国保险监督管理委员会，是统一监督管理全国保险市场，维护保险业的合法、稳健运行的国务院直属正部级事业单位，成立于 1998 年 11 月。2018 年 3 月，根据《国务院机构改革方案》要求，组建中国银行保险监督管理委员会，不再保留中国保险监督管理委员会。

大跌等，现代化农业生产面临的生产风险和市场风险种类增多，且地区差异性较大。传统农业保险能够覆盖的地区和品种较少，无法满足地方农业实际保障需求。因此，我国在推出玉米种植保险、水稻种植保险、奶牛养殖保险、能繁母猪养殖保险等传统大宗农产品农业保险的基础上，还根据地区差异推出一些特色农业保险产品，这种特色农业保险就是保险扶贫小数实践，它在化解因灾致贫等风险方面进行了积极探索。

我国传统农业保险按照"中央保大宗、保成本，地方保特色、保产量"的原则运作。2010 年的中央 1 号文件《中共中央 国务院关于加大统筹城乡发展力度进一步夯实农业农村发展基础的若干意见》中首次提到"特色农业保险"这一概念。所谓特色农业，就是将地方区域内特有的农业资源开发成优势产品。特色农业保险就是以特色农业产品为标的的保险，是传统农业保险的重要补充，包括省级政策性农业保险和县市地方优势特色农产品保险。特色农业保险和传统农业保险的区别主要有以下三点：①财政补贴来源不同。传统农业保险主要是大宗农产品保险，主要由中央财政补贴支持，而特色农业保险主要由地方政府财政补贴。②保障范围不同。传统农业保险是对标的遭受约定的自然灾害、意外事故、疾病或疫情等所造成的财产损失承担赔偿责任；特色农业保险产品较多，既有保障自然风险的产品，也有保障价格波动等市场性风险的产品，还有保产量和收入的产品。③财政补贴品种不同。传统农业保险补贴品种包括种植业（玉米、水稻、棉花、小麦、马铃薯、油料作物、糖料作物）、养殖业（能繁母猪、奶牛、育肥猪）、林业（已基本完成林权制度改革、产权明晰、生产和管理正常的公益林和商品林）以及财政部确定的其他品种（青稞、牦牛、藏系羊、天然橡胶等）；特色农业保险补贴品种包括水果、食用菌、中药材等传统农业保险以外的农业保险。2019 年，财政部印发《关于开展中央财政对地方优势特色农产品保险奖补试点的通知》，在内蒙古、山东、湖北、湖南、广西、海南、贵州、陕西、甘肃、新疆 10 个省份，对省级财政引导小农户、新型农业经营主体等开展的符合条件的地方优势特色农业保险，按照保费的一定比例给予奖补，支持地方特色农业保险发展。该文件显示出中央对地方发展特色农业保险的大力支持与肯定，进一步促进了特色农业保险产品的发展。

　　传统的大宗农产品保险保障的风险具有普适性，主要面向大面积、大群体、大市场的农业生产活动。但是我国贫困地区气候、水土环境较为恶劣，因病、因灾致贫返贫人数占比较高，尤其是在深度贫困地区，气候条件差，土地贫瘠，可以进行的农业生产活动种类较少，家庭从事的农业产业较为单一。由于没有其他收入来源，这些贫困地区遭受的风险更大，最终形成因病、因灾致贫返贫的"滚雪球"效应，陷入恶性循环。

　　特色农业保险是保险扶贫的创新举措。相比中央财政补贴的传统农业保险，特色农业保险的保障对象拥有"小市场""小品种""小群体"的特点，品种更为丰富且更具针对性，补齐了地方差异性的短板；根据各地不同的农业生产活动和风险，兜底保障贫困和深度贫困地区的贫困户收入，能够补偿的风险损失类型更具有多样性。特色农业保险加上普遍投保的人身意外伤害保险和大病补充医疗保险，能够基本上满足贫困户的产业发展和日常生活的需求，有助于解决因灾致贫返贫或加重贫困的问题，助力我国打赢脱贫攻坚战。

　　特色农业保险作为一种小数实践，已经有众多助力贫困地区精准扶贫的典型示范。例如，宁夏盐池"2＋X扶贫保"模式就是贫困或深度贫困地区通过特色农业保险助力，化解不同地区差异化的农业生产风险，保障农业生产收入，推动特色农业发展，促进农民增收，有效缓解当地因灾致贫的状况，助力当地脱掉贫困"帽子"的有效模式。在实际运作中，一方面农户通过特色农业保险防范了农业生产风险，另一方面保险公司通过财政专项扶贫资金补贴和地方补贴获得盈亏总体平衡，保证特色农业保险市场化，构建了"保险扶贫—产业发展创汇创收—经济良好有序平稳发展"的良性循环。特色农业保险的成功也充分证明了保险扶贫小数实践的可行性。

第二节　研究内容

　　本报告从宁夏盐池县保险扶贫小数实践的主要内容和创新点出发，全面阐述盐池小数实践的发展历程、成效，在政策、产品、服务、机制、理论等方面取得的重大创新，以及如何在全国进行推广的政策建议。

一、盐池保险扶贫小数实践的主要内容

盐池县是宁夏回族自治区吴忠市所辖县，位于陕西、甘肃、宁夏、内蒙古四省份七县（市、区、旗）交界地带。盐池县生态脆弱、土地贫瘠，当地人民群众曾饱受沙害和穷苦。到 2013 年底我国提出"精准扶贫"时，盐池县贫困发生率仍高达 23％，贫困人口 3.4 万人。在国家精准扶贫的总体部署下，盐池县为化解群众产业发展风险和解决群众易返贫突出问题，与中国人民财产保险股份有限公司（以下简称人保财险）宁夏分公司和中国人寿保险集团（以下简称中国人寿保险）宁夏分公司深度合作，将保险机制纳入脱贫致富的"工具箱"，推动商业保险与产业发展、市场需求有机结合，创新推出了"扶贫保"产品。人保财险宁夏分公司和中国人寿保险宁夏分公司为盐池县所有农户量身打造了菜单式"2＋X 扶贫保"。其中，2 类基础险包括家庭综合意外伤害保险和大病补充医疗保险；X 类选择性的地方特色农业保险包括滩羊肉价格指数险、黄花种植效益险等多个险种，由农户根据自身实际选择险种。这种保险"组合拳"的做法较为灵活，群众可以根据自身发展条件和能力组合购买人身保险和财产保险，既兜住了因病、因灾、因意外致贫返贫底线，又为群众发展产业增收脱贫致富保驾护航，更培养了群众保险意识。截至 2019 年 12 月底，盐池地区建档立卡贫困户财产保险投保 7 457户，理赔 5 635 户，人身保险参保率 100％。

随着脱贫攻坚工作的推进，盐池全面推行"2＋X 扶贫保"，设立 1 000万元"扶贫保"风险补偿基金，建立盈亏互补机制，进一步提高保险额度、降低保险费率、拓宽保障范围，实现了全县所有农户"扶贫保"政策扶持"全覆盖"。在此基础上，盐池荣获 2018 年全国脱贫攻坚组织创新奖。盐池县地方特色农业保险的小数实践已经成为全国各个地区的典型示范。

本报告以盐池保险扶贫的小数实践为主要研究内容，系统梳理盐池保险扶贫小数实践的探索背景和发展历程，从政策、产品、服务、机制、理论等五个维度深入分析盐池小数实践的典型模式，为农业保险与地方特色产业融合发展、为保险扶贫的创新发展提供全面可供参考的代表性案例。

二、盐池保险扶贫小数实践的创新点

盐池保险扶贫小数实践是我国农业保险在扶贫领域政策、产品、服务、机制及理论等方面的重大创新。在政策层面，盐池依托中央和宁夏回族自治区农业保险政策，量身打造适合盐池地方特色产业的扶贫保险产品、推广方案和财政补贴政策，建立覆盖农业全产品的中央和地方农业保险政策和产品体系；在产品层面，盐池小数实践通过菜单式"2＋X扶贫保"系列产品，改进了大数法则局限性，扩展可保风险边界，为扶贫保险愿保尽保奠定技术基础。盐池在传统人身保险产品基础上增加扶贫补充医疗保险和意外伤害保险，保障了农业生产人力资源的稳定性，同时，菜单式"2＋X扶贫保"作为地方特色农业保险，为主导产业做大做强、家庭经营小产业遍地开花提供个性化支持。在服务层面，盐池小数实践创新保险服务与"三农"服务有机结合的综合服务体系，一方面完善宣传、承保和理赔服务，另一方面充分发挥农业科技、物资供应、农产品承销等"三农"服务组织力量；在机制层面，盐池小数实践围绕动态协商定价机制、风险分散补偿机制、监督考核激励机制以及综合保险服务机制进行创新，夯实小数实践的风险底线，提升了小数实践的运作能力。

在政策、产品、服务、机制四个层面的实践创新基础上，盐池小数实践在理论上突破了大数法则的限制。具体来看，盐池小数实践因地制宜的差异化政策体系奠定了小数实践的政策基础，克服了获得政策支持不足的局限性；保险与"三农"服务相结合的立体化服务体系奠定了小数实践的服务基础，克服了落后地区保险服务保障不足的局限性；夯实风险底线的多层次机制体系奠定了小数实践的产业基础，克服了极端风险应对不足的局限性。在此基础上，宁夏盐池农业保险产品突破保险大数法则，为保险扶贫愿保尽保奠定技术基础，克服了缺少历史数据、精准定价不足的局限性。在理论层面，盐池小数实践从大数法则到个性化、动态化的供需谈判议价创新了农业保险的定价规则；由大宗农产品到地方特色小产品，实现愿保尽保，扩展了农业保险的可保风险边界；从保障农户生产稳定到保障农业产业链，实现农业生产闭环运作，延伸了农业保险的服务链；从单纯风险保障变为政府脱贫攻坚、乡村治理的重要工具，拓展了农业保险的功能定位。盐池小数实践不仅仅适用于盐池地方的探索，同时具有可持续性、可复制性和可拓展性，因此有必要深入总结盐池的典型经验，为我国其他地方探索地方特色农业保险提供详尽资料。

最后，本报告也从小数实践的机制化、科学化、普及化等方面提出了盐池小数实践的推广建议。在机制化方面，本报告建议完善保险扶贫小数实践政策体系，巩固多主体合作参与基础；在科学化方面，本报告建议建立精准小数保险定价模型，并运用新技术介入农业保险；在普及化方面，全流程因地制宜、广泛运用多渠道立体化宣传方式，充分发挥村民委员会和农业保险协保员的作用，推动整村统保，推广移动承保、自助承保，降低承保成本，广泛运用无人机、卫星遥感等技术，启动自动理赔、智能理赔，降低理赔成本，减少风险补偿基金"跑、冒、滴、漏"。在机制方面，本报告认为应扩大产业规模，提高产业生产力水平，对接国内市场需求，广泛对接电商平台，完善农业生产产业链，进一步强化农业保险产业链保障，增加营业中断损失保险、企业财产保险、产品责任保险、食品安全责任保险等保障稳定的农业全产业链保险运作机制，选择规模大、有群众基础、保险技术水平高的公司作为经营主体，更深入地引入市场联动机制。

第三节 研究框架和研究方法

本报告的研究框架为由表及里、由浅入深，逐步展开分析，研究方法上采用了实地调研和文献研究两种方法。

一、研究框架

本报告以盐池保险扶贫的小数实践和未来推广建议为主要研究内容，遵循从盐池小数实践的背景与历程到小数实践的创新和推广建议的研究思路。本报告认为，政策创新、产品创新、服务创新和机制创新为盐池小数实践的理论创新奠定了技术基础、政治基础、群众基础和运作机制。

本报告认为，盐池保险扶贫小数实践的创新包括政策、产品、服务、机制和理论五个维度：①本报告阐述了政策创新的重大意义，分析了盐池县等进行的一系列政策创新实践，总结出标的创新、责任创新、定价创新和服务创新四个政策创新维度；②详细介绍了盐池保险扶贫"2＋X扶贫保"保障体系，总结出保障小品种、服务小市场、关注小群体3个产品创新维度；③从承保服务创新、理赔服务创新以及宣传服务创新3个角度分析总结了盐池保险扶贫小数实践的服务创新；④从动态协商定价机制、综合保险服务机制、风险分散补偿机制以及监督考核激励机制四个方面对盐池保险扶贫小数实践的机制创新进行了分析；⑤从保险扶贫中传统大数法则的局限性出发，详细剖析了盐池保险扶贫小数实践对大数法则的改进实践，在此基础上，总结出盐池保险扶贫小数实践的四大理论突破，即农业保险定价规则的创新、对农业可保风险边界的扩展、对农业保险服务链条的延伸以及对农业保险服务功能的拓展。

最后，本报告从小数实践机制化、小数实践科学化、小数实践普及化等方面提出了盐池保险扶贫小数实践的推广建议。

二、研究方法

（一）实地调研

本研究课题组赴宁夏盐池开展调研工作，实地走访盐池县扶贫开发办公室（以下简称扶贫办）、盐池县扶贫保险经办公司和扶贫保险乡（镇）经办网点，全面获取盐池地区扶贫和保险扶贫的有关政策、相关宣传活动记录、保险扶贫产品合同范本、个别特例出险的应对方式，广泛搜集盐池扶贫保险产品运行过程中的成功经验、政府对保险公司的激励机制、当地保险从业者的积极参与情况、当地农户对保险扶贫的态度等。此外，课题组还收集了盐池地区保险公司在财务管理制度、经营性亏损和政策性亏损调整机制、分支机构绩效考核等方面的政策建议。实地调研为本报告的撰写提供了翔实的第一手资料。

（二）文献研究

本报告在撰写过程中通过国内外重要学术文献数据库查找文献，广泛搜集盐池保险扶贫方面的文献，同时对比分析全国其他地区保险扶贫的模式探索，为盐池小数实践的创新提供对比依据。此外，本报告在撰写过程中积极查阅中央、宁夏回族自治区和盐池县政府关于扶贫保险的相关政策文件和新闻资料，同时查阅国务院扶贫开发领导小组办公室、财政部、中国银行保险监督管理委员会（以下简称银保监会）等部委关于保险扶贫和地方特色农业保险发展的部门政策，为盐池小数实践的探索提供全面的政策环境背景分析。

第 二 章

盐池保险扶贫小数实践的发展历程和成效

保险扶贫立足于当地经济社会发展的总体环境和地方优势特色产业发展。本章首先从宁夏盐池经济社会发展基本情况出发，详细介绍盐池小数实践的发展背景；然后，根据盐池保险扶贫在产品种类、政策补贴、覆盖人群等方面的特点，将盐池小数实践的发展历程划分为萌芽阶段、调整阶段、完善阶段；最后，总结了盐池保险扶贫的保障效果、经济效果和社会效果。

第一节 宁夏盐池经济社会发展基本情况

一、经济社会稳步发展

近年来，盐池县整体经济增长较快。如图 2-1 所示，地区生产总值从 2015 年的 60.83 亿元增长到 2019 年的 105.64 亿元，年均增长率为 10%，其中 2015 年增速高达 15.5%[①]。分产业看，2019 年，盐池县第一产业增加值 8.53 亿元，第二产业增加值 55.07 亿元，第三产业增加值 42.04 亿元（表 2-1）。从产业结构看，2019 年，盐池县三次产业增加值结构为 8.1∶52.1∶39.8，与 2018 年相比，第一产业比重上升 0.7 个百分点，第二产业比重下降 1.7 个百分点，第三产业比重上升 1 个百分点（图 2-2）。从三次产业的贡献拉动来看，2019 年，第一、第二、第三产业对经济增长的贡献率分别为

---

① 这里（包括图 2-1 中）的地区生产总值增长率等于当期的不变价地区生产总值除以上年同期同基期不变价地区生产总值再减去 100%，而不是简单按照（当期－基期）/基期计算，需要考虑价格因素。具体计算方法较为复杂。本数据可在盐池县统计公报查询到。

4.2%、57.8%和 38.0%[①]。

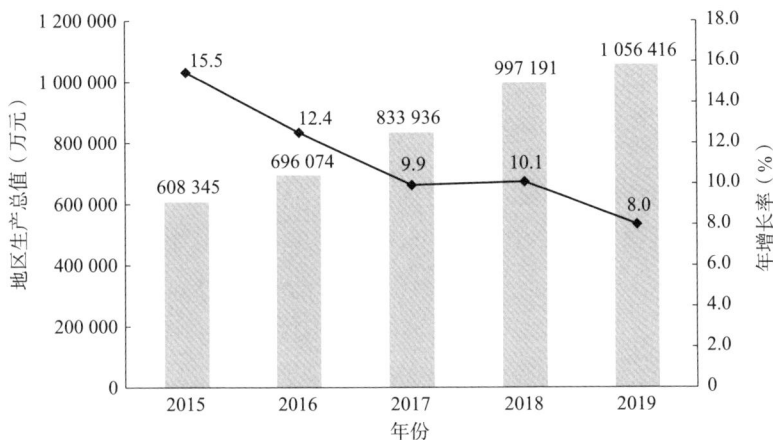

图 2-1　2015—2019 年盐池县地区生产总值及年增长率

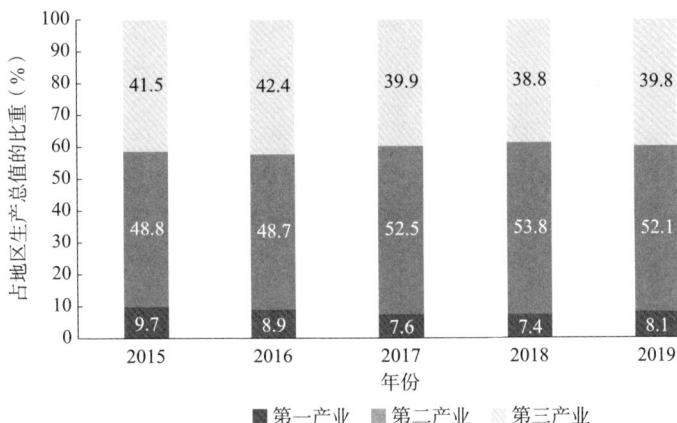

图 2-2　2015—2019 年盐池县地区生产总值构成

---

① 依据国家统计局 2012 年制定的《三次产业划分规定》，"第一产业是指农、林、牧、渔业（不含农、林、牧、渔服务业）；第二产业是指采矿业（不含开采辅助活动），制造业（不含金属制品、机械和设备修理业），电力、热力、燃气及水生产和供应业，建筑业；第三产业即服务业，是指除第一产业、第二产业以外的其他行业（剔除国际组织）"。也就是说，在划分三次产业时，农林牧渔业中的农林牧渔服务业，采矿业中的开采辅助活动和制造业中的金属制品、机械和设备修理业应划分到第三产业中。所以，这里（包括表 2-1 中）的第一产业增加值与农林牧渔业增加值不相等，第二产业增加值与工业增加值不相等。本数据可在盐池县统计公报查询到。

表 2 - 1　2019 年盐池县地区生产总值构成

指标	绝对值（万元）	比上年增长（％）
地区生产总值	1 056 416	8.0
农林牧渔业	91 247	4.0
工业	440 680	12.5
其中：开采辅助活动	746	13.1
金属制品、机械和设备修理业	8	15.5
建筑业	110 783	－4.1
批发和零售业	55 062	5.2
批发业	24 212	2.7
零售业	30 850	7.6
交通运输、仓储和邮政业	28 906	－6.2
住宿和餐饮业	14 062	6.9
住宿业	1 529	22.0
餐饮业	12 533	5.2
金融业	40 492	4.2
房地产业	11 130	－10.7
房地产业（K 门类）	1 098	－61.9
自有房地产经营活动	10 032	5.0
其他服务业	264 056	12.3
营利性服务业	54 880	16.2
非营利性服务业	209 176	11.6
第一产业	85 323	4.1
第二产业	550 709	8.7
第三产业	420 384	7.8

　　从表 2 - 1 中可以看出，2019 年，盐池全县实现工业增加值 44.07 亿元，同比增长 12.5％，工业对地区生产总值的贡献率为 64.1％，拉动经济增长 5.1 个百分点。全县实现建筑业增加值 11.08 亿元，占地区生产总值的比重为 10.5％。

　　2019 年，全县一般公共预算总收入 21.18 亿元，县级一般公共财政预算收入完成 8.76 亿元，其中税收收入完成 4.73 亿元，占县级一般预算收入的比重为 54.0%。县级一般公共预算支出 37.69 亿元，其中一般公共服务支出 3.15 亿元，公共安全支出 0.83 亿元，教育支出 4.77 亿元，社会保障和就业支出 4.48 亿元，医疗卫生与计划生育支出 2.81 亿元，节能环保支出 1.44 亿元，城乡社区事务支出 5.64 亿元。2015—2019 年财政收入增速平均为 4.1%。

2019 年，全县城镇居民人均可支配收入 28 464 元，较上年增加 1 863 元，同比增长 7.0%。2015—2019 年，盐池县城乡居民收入持续增加。城镇居民人均可支配收入从 2015 年的 20 920 元增长至 2019 年的 28 464 元，每年保持约 2 000 元的稳定增长（图 2-3）。城镇单位职工平均工资在 2017 年达到了 63 338 元，相比上年增长近 3 000 元。其中，工资性收入每年持续增长，经营净收入在 2018 年快速增长，涨幅达到 58.4%，财产净收入与转移性收入在 2018 年有小幅下降但整体趋于稳定。反观农村方面，与城镇居民收入类似，盐池县农村居民可支配收入以每年约 1 000 元的额度从 2015 年的 7 674 元增长至 2019 年的 12 127 元，平均涨幅超过 10%（图 2-4）。其中，工资性收入、经营净收入、财产净收入、转移性收入均有显著提升，近 3 年的涨幅大多在 10% 以上，而且财产净收入更是在 2016 年实现了 71.9% 的增长。

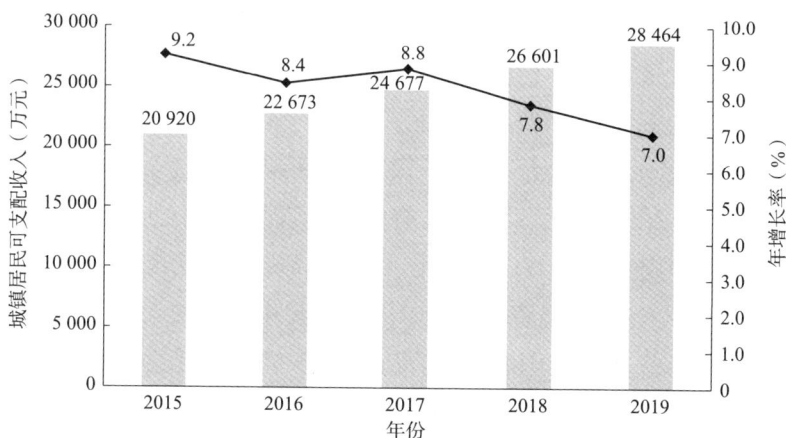

图 2-3　2015—2019 年盐池县城镇居民人均可支配收入及年增长率

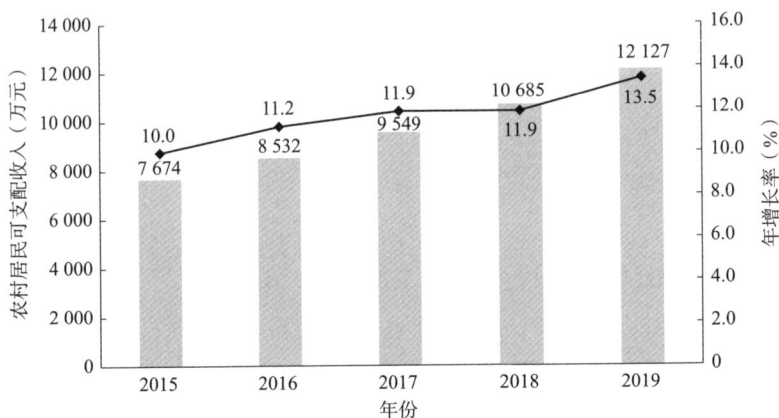

图 2-4　2015—2019 年盐池县农村居民人均可支配收入及年增长率

二、扶贫开发有序推进

2016—2020 年，盐池县委办公室、盐池县人民政府办公室、盐池县扶贫办连续 4 年下发"盐池县脱贫攻坚实施方案"，为盐池县扶贫开发做出详细规划。这些方案中多次强调，盐池县应逐渐完善村级组织保障机制，建立乡（镇）级部门精准扶贫协调联动机制，建立县级精准扶贫推进机制，而且对每年的政府资金筹集进行详细规划（表 2-2）。2016 年，盐池县扶贫开发共筹集资金 32.09 亿元，其中扶贫专项资金 2.26 亿元，行业部门资金 4.73 亿元，县级财政资金 1.64 亿元，社会帮扶资金 23.42 亿元，其他资金 0.04 亿元；2017 年共筹集资金 34.57 亿元，其中行业部门资金 4.26 亿元，县级财政资金 3.14 亿元，社会帮扶资金 19.49 亿元，其他资金 7.68 亿元；2018 年共筹集资金 12.16 亿元，其中扶贫专项资金 0.56 亿元，行业部门资金 3.18 亿元，县级财政资金 2.26 亿元，社会帮扶资金 0.32 亿元，其他资金 5.84 亿元；2019 年共筹集资金 9.90 亿元，其中扶贫专项资金 2.68 亿元，行业部门资金 3.97 亿元，县级财政资金 2.75 亿元，社会帮扶资金 0.50 亿元。其中，扶贫保险的筹措资金从 2016 年的 2 217.5 万元逐渐增长到 2019 年的 4 682.4 万元（图 2-5）。

表 2-2 盐池县扶贫开发资金筹措统计

单位：元

项目	2016 年	2017 年	2018 年	2019 年
各类整合资金	32.09	34.57	12.16	9.90
扶贫专项资金	2.26	——	0.56	2.68
行业部门资金	4.73	4.26	3.18	3.97
县财政资金	1.64	3.14	2.26	2.75
社会帮扶资金	23.42	19.49	0.32	0.50
其他资金	0.04	7.68	5.84	——

资料来源：盐池县人民政府。

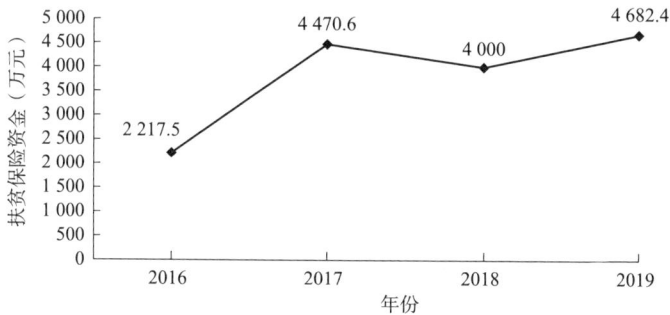

图 2-5 盐池县扶贫保险的资金筹措

（资料来源：盐池县人民政府）

在盐池脱贫攻坚的具体部署下，盐池县扶贫产业发展平稳推进。2019年，盐池县实现农林牧渔业总产值 19.34 亿元，其中农业产值 67 035 万元，林业产值 4 095 万元，牧业产值 112 839 万元，渔业产值 143 万元，农林牧渔服务业产值 9 258 万元；实现农林牧渔业增加值 9.12 亿元，其中种植业增加值 36 240 万元，林业增加值 1 677 万元，牧业增加值 47 348 万元（牧业增加值占农林牧渔业增加值的比重为 51.9%），渔业增加值 57.9 万元，农林牧渔服务业增加值 5 924 万元。2019 年盐池县主要畜产品产出平稳，见表 2-3。其中，生猪出栏 56 537 头，羊出栏 1 154 091 只，牛出栏 3 697 头；肉类总产量 27 124 吨，同比增长 6.3%；牛奶产量 24 731 吨，同比增长

35.1%。全年粮食播种面积 86.1 万亩[①]，实现粮食产量 13.19 万吨。其中，玉米播种面积 19.2 万亩，实现产量 7.64 万吨；马铃薯播种面积 14 万亩，实现产量 3.08 万吨。

表 2-3   2017—2019 年盐池县畜牧业生产情况

项目	2017 年		2018 年		2019 年	
	数量	增长率（%）	数量	增长率（%）	数量	增长率（%）
生猪出栏（头）	65 098	10.40	62 845	−3.46	56 537	−10.0
羊出栏（只）	884 434	5.20	1 076 117	21.67	1 154 091	7.3
牛出栏（头）	1 786	10.90	2 038	14.11	3 697	81.4
家禽出栏（只）	135 765	2.30	117 327	−13.58	109 446	−6.7
肉类总产量（吨）	22 395	6.40	25 116	13.94	27 124	6.3
其中：羊肉产量（吨）	16 725	4.90	20 099	20.17	21 739	8.2
禽蛋产量（吨）	990	−0.20	958	−3.33	1 480	54.7
牛奶产量（吨）	14 422	97.60	18 312	26.97	24 731	35.1
期末牛存栏（头）	6 986	4.60	7 425	6.28	10 737	44.6
期末猪存栏（头）	50 456	−8.60	46 200	−8.44	48 344	4.6
期末羊只存栏（只）	831 275	−9.80	1 112 451	33.82	1 181 542	6.2
期末家禽存栏（只）	135 765	21.10	71 500	−17.30	88 106	23.2

资料来源：2018—2020 年盐池县统计公报。

第二节   开展保险扶贫小数实践的重要意义

保险业是中国金融业的重要组成部分，在经济社会发展中扮演着越来越重要的角色。一般而言，保险具有以下三大功能：①风险保障功能，风险保障功能是保险业的立业之基，最能彰显保险业的核心竞争力和特色；②资金融通功能，保险将部分闲置的保险资金投入到社会再生产过程中，保险资金在此过程中也得以保值和增值，同时这也是未来保险企业经营利润的主要来源；③社会管理功能，保险的社会管理功能与国家对社会的直接管理有所不同，保险主要通过其内在属性促进社会各领域的正常运转和有序发展，以及

---

① 亩为非法定计量单位，1 亩≈666.67 米²。

经济社会的协调。随着保险业逐步发展成熟并在社会发展中的地位不断提高，衍生出来多项新的功能，其中一项就是保险的社会管理功能。

在金融扶贫领域主要借助的是保险的风险保障功能和社会管理功能，在降低贫困户风险损失的同时，通过提高社会保障的水平和提供多层次的保障服务来减轻政府在社会保障方面的压力。因此，在保险产业扶贫政策体系的构建中也必须紧紧围绕这两大功能来构建，为贫困户编织一张完整的保险网络。开展保险扶贫小数实践主要有以下三个重要意义：

一、贫困群众发展生产的风险损失屏障需要保险参与

保险扶贫与其他的扶贫政策一致，本质上都是帮助贫困户提升可持续发展能力，减轻其贫困程度，从而帮助贫困户走上脱贫致富的道路。由于因病、因残致贫返贫现象在贫困群众中较为普遍，加之社会保障程度相对偏低，导致一旦发生重大风险，贫困户将面临难以承受的损失，原先投入的人力成本和资金成本将得不到有效回收，不仅完不成致富的目标，甚至有可能产生更深层次的贫困，形成恶性循环。同时，贫困地区发展生产不易，贫困户难以及时获得市场和灾害信息进行科学决策，在面临自然环境、市场价格等多方面因素的影响时显得尤为脆弱。生产中面临的各种自然灾害和市场风险，单纯依靠贫困户自身的能力很难应对。

保险作为扶危济困的金融工具，这时候就能够在贫困户的日常生产生活中充当"稳定器"。一方面，可以通过人身保险对贫困户的人身权益损害进行赔付，帮助受到意外伤害的劳动力恢复生产能力，帮助有成员意外死亡的家庭获得经济资助，渡过难关；另一方面，可以通过财产保险对财产权益损害进行赔偿，既能补偿自然灾害导致的成本损失，又能补偿市场价格波动造成的收入损失。

因此，贫困地区和贫困群众对于保险的需求是现实和迫切的。此外，保险公司为了减少理赔损失，也会配合农业农村、市场监督管理等部门主动向贫困户提供市场信息和一部分的市场服务，贫困户可以根据相关市场信息和市场服务对生产规模及种植、养殖品种做出提前调整，尽量减少因为市场信息缺乏和灾害突发所带来的经济损失。

二、地方政府社会管理的压力需要保险分担

从地方政府的角度而言，脱贫攻坚工作存在着一定资金短缺和社会管理上的困难。从资金的角度来看，财政扶贫资金的数量有限，而部分地区脱贫攻坚的任务较重，产业、交通、水利、网络等各方面都需要投入，有限的财政扶贫资金难以满足贫困群众的产业发展资金需求，也难以对贫困群众的产业发展损失进行有效补偿，因此就需要银行和保险公司等金融机构的积极参与。同时，政府在执行社会管理职能时需要对整个社会及其各个环节进行调节和控制，目的在于发挥各系统、各部门、各环节的功能，从而实现社会关系和谐、整个社会良性运转和有效管理。但是，政府能够动用的资源大多为行政资源，一般实施直接管理，在管理过程中存在管理手段单一、管理水平较低、保障程度不足等问题，需要有更多的组织和机构来进行补充。

保险作为社会的"自动减震器"，是社会保障管理、社会风险管理、社会关系管理和社会信用管理的重要组成部分。保险公司具备分析、识别、衡量风险的专业性知识，积累了大量风险损失资料，可以配合政府做好防灾防损。并且保险公司在市、县一级同样有着较为密集的机构布局和服务网络。例如，人保财险在市（县）一级网点广泛配备农业保险专员，专门为农户服务，同时在镇（村）一级设立服务站，在农村聘请村民做农业保险协保员，为农民咨询保险、购买保险、出险理赔提供服务。

从这个角度来看，由于保险公司根据合同约定对损失进行合理补偿，并对投保人的行为进行适当约束，保险实际上发挥了"减震器"功能，参与到社会关系的管理之中，既放大了财政资金的使用效益，避免了更大规模的风险，也逐步改变了社会主体的行为。

三、资本的逐利属性需要政策来进行矫正

虽然保险在精准扶贫特别是产业扶贫中可以发挥重要的作用，但是保险公司作为金融企业，也具有资本的逐利属性，追逐更高的利润是资本的天性。因此，近年来出于成本控制的考虑，保险公司将服务的重心逐渐转向了城市地区，产品、人员、服务网络等逐渐向城市地区倾斜。

要改变保险公司的服务方向和服务重心，让保险公司深度参与到保险扶

贫和产业扶贫中来，就需要政府有关部门充分发挥"看得见的手"的作用，通过政策手段来鼓励和引导保险公司深度参与产业扶贫。同时，政府可以通过各级政府和各部门的服务解决保险公司人手不足、开展业务有风险的问题，政府还可以通过财政补助、设立风险补偿基金等方式保障保险公司的正常利润。

保险扶贫为保险公司与政府合作提供了一个崭新的窗口和契机，在其中扮演了"均衡器"的作用，既考虑到了贫困群众的保险需求和地方政府开展扶贫开发工作的需要，也考虑到了保险公司商业可持续发展的需求，可以实现多方共赢，让资本逐利切实地变为普惠服务。

国务院扶贫开发领导小组办公室与银保监会等有关部门进行了深入沟通合作，在中央有关精神的指引下，逐渐探索出一个相对完整的保险扶贫政策体系，各省（自治区、直辖市）、各市（县）也相应出台一系列保险产业扶贫政策，在这方面，盐池县可以说已经走在了全国的前列。

第三节　盐池保险扶贫小数实践的发展历程

盐池县的保险扶贫小数实践从 2016 年开始起步，历经萌芽阶段、调整阶段和完善阶段，政策完善度、群众覆盖面、品种丰富性都在不断提升。

一、萌芽阶段：因地制宜设计保险产品

2016 年，盐池县开始实行"十三五"扶贫开发规划，力争早日实现脱贫摘帽。从贫困户的情况来看，盐池县全县有 74 个贫困村共 11 228 户（34 046 人），其中有 3 498 户是因病致贫，1 207 户是因残致贫，这两类共占全部建档立卡贫困户的 42%。可见人身类风险与生产类风险一样是盐池县贫困户面临的主要风险来源。

针对盐池县贫困户的主要风险来源，盐池县委办公室、人民政府办公室于 2016 年 4 月联合印发《盐池县 2016 年扶贫保险扶贫方案》，为贫困户量身打造针对当地特色产业的"2＋X扶贫保"产品。方案规定，由人保财险盐池支公司承办扶贫保险中的特色产业保险部分，由中国人寿保险盐池支公司承办保险扶贫中的人身保险部分。2016 年盐池县共筹措资金

2 217.5万元用于扶贫保险发展，区别于传统大宗农产品农业保险的扶贫保险方式在盐池县初具雏形。由此开始，盐池县正式走上了地方特色农产品保险扶贫小数实践的道路。

盐池一直有"中国滩羊之乡"的美誉，而滩羊产业也是盐池县最为核心的脱贫致富途径。但是受到市场价格波动以及建档立卡贫困户缺技术、经营不善等因素影响，贫困户养殖滩羊的收益一度较为低迷，这大大挫伤了养殖户的信心。因此在具体产品设计上，人保财险盐池支公司针对这种情况专门开发了滩羊肉价格指数保险以及基础母羊、种公羊养殖保险（以下简称滩羊养殖保险），旨在降低市场价格波动以及疫情给养殖户造成的损失。

另外，黄花菜、小杂粮等也是当地的优势特色农产品，但是由于盐池县的地理位置、土壤环境等原因，当地种植业频繁受到干旱、冰雹、霜冻等自然灾害影响。因此，盐池县政府和人保财险盐池支公司多次尝试探索农业保险与特色产业结合的途径，并根据贫困户的实际需要，先后发展了黄花种植保险、玉米收益保险、荞麦产量保险和马铃薯收益保险，从过去只办理单一的养殖险成功发展成为集传统养殖险、种植险和新型收益险、产量险、价格险于一体的保险，全力助推脱贫攻坚。

二、调整阶段："2＋X扶贫保"产品体系逐渐形成

在保险扶贫的开展过程中，盐池县根据扶贫保险的实际运行情况对扶贫保险政策和产品等进行了一系列调整。

2017年，盐池县政府规定扶贫保险适用于盐池县所有农户，但对建档立卡贫困户和非建档立卡贫困户采取差别化执行。盐池对全县所有农户均推行"2＋X扶贫保"模式，即：家庭统一投保大病补充医疗保险和综合意外伤害保险2类人身保险，每个家庭可以根据自己的生产情况在X类农业保险险种中任意选择合适的保险产品进行投保，而贫困户与非贫困户的区别在于贫困户可获得最高额度为1 000元的财政补贴，比非贫困户高出500元。另外，盐池县政府为"扶贫保"新增1 000万元风险补偿基金，在政府和保险公司之间建立风险利益共担机制，即：在一个保险周期内，若"扶贫保"产品有盈利，则将盈利的60%返回风险补偿基金池；若有亏损，则亏损由政府与保险公司按照6：4的比例分担。

相比 2016 年，在特色产业保险方面，马铃薯收益保险的投保对象由水浇地马铃薯转变为旱地马铃薯，其保费与约定收益也同步进行了调整；滩羊肉价格指数保险的保险金额由 720 元/只变为 792 元/只，保费从 30 元/只上升到39.6 元/只。在人身保险方面，对大病补充医疗保险不设起付线，不实行分级累进计算法，不分疾病种类，拓展保险责任，最高报销额度 20 万元。

2018 年，盐池县继续大力推行"2＋X 扶贫保"，并在年内投入资金 4 000 万元，其中财政涉农资金 1 500 万元用于建档立卡贫困户补贴，县级财政2 500 万元用于一般户补贴。在险种方面，2018 年扶贫保险产品中新增了玉米种植保险，对全县种植玉米的建档立卡贫困户提供保障，在出现自然灾害以及病虫害达到一定比例时将按照约定赔偿。另外，对滩羊肉价格指数保险、大病补充医疗保险、城乡居民基本医疗保险、金融信贷保险的条款进行了进一步调整。至此，经过近 3 年的不断摸索，逐渐积累经验，盐池县"2＋X 扶贫保"产品体系已经逐渐形成。

三、完善阶段：扶贫保险政策体系日趋成熟

2018 年 10 月 15 日，宁夏回族自治区党委、人民政府下达了《关于表彰盐池县脱贫攻坚工作的决定》，盐池县被认定符合贫困县退出条件，在宁夏众多贫困县中率先实现脱贫摘帽。在脱贫攻坚任务阶段性完成的背景下，2019 年盐池县人民政府仍然多次强调"摘帽不摘责任、摘帽不摘政策、摘帽不摘帮扶、摘帽不摘监管"，进一步巩固脱贫攻坚成果。在扶贫保险方面，继续推行"2＋X 扶贫保"模式，形成完善的人身和产业保险体系。此外，宁夏回族自治区也对扶贫保险提出要求，强调要严格落实扶贫保险政策，严禁在"扶贫保"系列的 4 类产品之外增加其他保险产品，不得以"扶贫"名义推广其他商业保险产品，严格按照财政部有关规定进行扶贫保险的资金管理。

在险种方面，经过 3 年的实践探索，盐池县的扶贫保体系已经日趋完善。由于盐池县脱贫的初步目标已经基本实现，为了使扶贫保险在当地整体可持续发展，在《2019 年部分扶贫保险政策调整补充方案》中对大病补充医疗保险和家庭综合意外伤害保险相关政策进行了小幅度调整。另外，人保财险盐池支公司对近 3 年实行的滩羊肉价格指数保险进行升级改良，在原先

价格指数保险的基础上将保险责任扩大，推出了全新的滩羊收益保险，当保险期内滩羊因自然灾害、疾病死亡或滩羊肉平均销售价格低于合同约定价格时，保险公司根据合同约定条款负责赔偿。

贫困地区底子薄，产业抗风险能力弱，而扶贫保险则为贫困群众织起一张防范因病、因灾、因意外致贫返贫的"安全网"。盐池县从 2016 年开始推出扶贫保险菜单式服务，通过家庭成员伤害险和大病补充医疗险"保人"、特色农业险"保产业"、借款人意外伤害险"保贷款"，让贫困户发展产业、银行放贷更有底气。

第四节　盐池保险扶贫小数实践的成效

盐池县在开展保险扶贫的过程中进行了一系列政策、产品、服务、机制和理论创新，在帮助贫困户发展生产、帮助政府进行社会管理、提升地区经济市场化水平等方面取得了良好的成效，具体而言有以下三个方面的成果：

一、保障效果：实现愿保尽保全覆盖

2016 年，盐池县"扶贫保"累计承保建档立卡贫困户 11 394 户次，为地方特色产业累计提供风险保障 1.44 亿元，"扶贫保"保费收入 703.28 万元，赔付总支出 1 289.33 万元；2017 年，累计承保建档立卡贫困户 22 119 户次，提供风险保障 2.63 亿元，保费收入 1 365.67 万元，赔付总支出 1 049.63 万元；2018 年，累计承保建档立卡贫困户 11 585 户次，提供风险保障 4.38 亿元，保费收入 2 536.29 万元，赔付总支出 2 245.92 万元；2019 年截至 12 月底，累计承保建档立卡贫困户 19 962 户次，提供风险保障 7.98 亿元，保费收入 4 343.68 万元，赔付总支出 2 376.62 万元（表 2-4）。从农户自筹保费的补贴情况来看，2016 年，保险保障对象为建档立卡贫困户，保费自筹部分由扶贫专项资金全额承担；2017 年开始，保障对象分为建档立卡贫困户和非建档立卡贫困户，其中建档立卡贫困户自筹部分由扶贫专项资金全额承担，非建档立卡贫困户自筹部分由县财政补贴 60%；2018 年之后，全部农户自筹部分由县财政补贴 40%。由此可以看出"扶贫保"产品的普惠性。根据承保理赔情况来看，财政补贴的下降对农户的投保积极性无明显影响。总的来看，盐池扶贫保险基本实现人民群众愿保尽保。

从整体来看，2016—2019 年，保费收入持续上升，赔付率整体呈下降趋势。其中，2016 年，简单赔付率高达 183.33％，保险公司直接亏损 586 万元；2017 年，通过调整产品、调整承保对象范围等方式，赔付率大幅下降，取得良好成效。近 4 年来，盐池县平均每年超过 1 万户农民因"扶贫保"获得保险金赔偿，累计受益总户次达 54 575 户，很好地为农户的生产生活提供了保障（表 2-4）。

表 2-4　2016—2019 年盐池县"扶贫保"承保和理赔统计

年份	承保		理赔		总保险金额（万元）	赔付率（％）
	承保总数（户次）	保费总收入（万元）	受益总数（户次）	赔付总支出（万元）		
2016	11 394	703.28	11 161	1 289.33	14 357.47	183.33
2017	22 119	1 365.67	15 304	1 049.63	26 321.44	76.86
2018	11 585	2 536.29	10 670	2 245.92	43 758.48	88.55
2019	19 962	4 343.68	17 440	2 376.62	79 809.99	54.70
总计	65 060	8 948.92	54 575	6 961.50	164 247.38	—

资料来源：盐池县人民政府。
注：2019 年数据为截至 12 月底的承保理赔情况。

"2+X 扶贫保"险种全面覆盖了盐池的种植业和养殖业，精准保障建档立卡贫困户发展生产过程中的各类风险，得到盐池县群众的高度认可。政府的高度重视、扶贫资金的充足保障、保险公司的优质服务都极大地提高了农户的投保积极性。2016—2019 年投保最多的险种主要是荞麦产量保险和滩羊养殖保险（图 2-6）。由于盐池县土地多为旱地，主要种植旱地农作物，荞麦是盐池县种植规模最大、分布最广的传统农作物，涉及家家户户的稳定增收，因此从 2017 年开始，荞麦产量保险成为承保户数最多的险种，有 9 205 户选择投保。在 2019 年，投保荞麦产量保险的农户高达 11 578 户（表 2-5）。此外，滩羊为盐池县的主导产业，几乎每户均有养殖，滩羊养殖保险的投保率也较高，每年均有超过 3 600 户投保该险种，且投保户数呈上升趋势，2019 年投保户数已达 5 133 户。

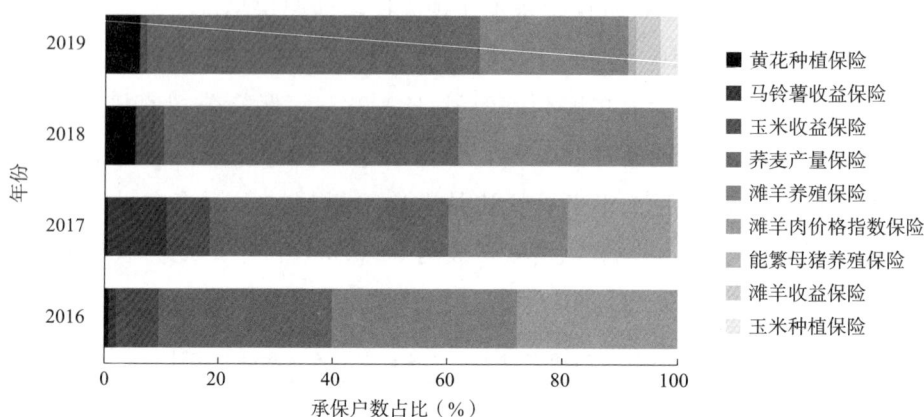

图 2-6 2016—2019 年盐池县"2＋X 扶贫保"各农业保险险种承保户数占比

（资料来源：人保财险盐池支公司）

表 2-5 2016—2019 年盐池县"2＋X 扶贫保"各类农业保险险种承保户数

单位：户

农业保险险种	2016 年	2017 年	2018 年	2019 年
黄花种植保险	83	108	626	1 222
马铃薯收益保险	151	2 314	30	34
玉米收益保险	866	1 678	562	240
荞麦产量保险	3 446	9 205	5 951	11 578
滩羊养殖保险	3 686	4 611	4 326	5 133
滩羊肉价格指数保险	3 162	3 937	78	—
能繁母猪养殖保险	—	266	12	282
滩羊收益保险	—	—	—	869
玉米种植保险	—	—	—	604
合计	11 394	22 119	11 585	19 962

资料来源：人保财险盐池支公司。

从保费收入与赔付支出来看，滩羊养殖保险（即基础母羊、种公羊养殖保险）作为保险公司的主要收入来源，4 年间保费收入从 2016 年的 299.09 万元增长到 2019 年的 2 772.08 万元，累计保费收入 5 643.65 万元，占全部累计保费收入的 63％；累计赔付支出 2 864.43 万元，占全部累计赔付支出的 41％，成为利润最高的险种（表 2-6）。而 2019 年新开设的滩羊收益保险的保费收入在第一年就达到了 730.11 万元，可见滩羊是盐池县脱贫致富的支柱产业，而且盐池县村民经过几年的投保经历，如今对扶贫保险有着充分的认可与信任。

表 2-6 2016—2019 年盐池县"2＋X 扶贫保"各类农业保险险种保费收入与赔付支出

险种	项目	保费收入或赔付支出（万元）					
		2016 年	2017 年	2018 年	2019 年	合计	累计占比（％）
黄花种植保险	保费收入	2.58	4.14	53.89	120.90	181.51	2
	赔付支出	0.00	5.11	103.80	107.79	216.70	3
马铃薯收益保险	保费收入	6.73	56.61	0.46	0.63	64.43	1
	赔付支出	0.00	0.00	0.00	0.00	0.00	0
玉米收益保险	保费收入	29.78	57.89	30.73	16.58	134.98	2
	赔付支出	28.39	0.00	0.82	0.33	29.54	1
荞麦产量保险	保费收入	85.01	342.00	329.42	653.62	1 410.06	16
	赔付支出	367.94	463.79	986.38	956.69	2 774.81	40
滩羊养殖保险	保费收入	299.09	481.46	2 091.024	2 772.08	5 643.65	63
	赔付支出	355.64	556.74	1 153.82	798.23	2 864.43	41
滩羊肉价格指数保险	保费收入	280.07	401.24	29.92	—	711.23	8
	赔付支出	537.36	23.99	0.00	—	561.35	8
能繁母猪养殖保险	保费收入	—	22.33	0.85	24.02	47.20	1
	赔付支出	—	0.00	1.10	20.7	21.8	0
玉米种植保险	保费收入	—	—	—	25.75	25.75	0
	赔付支出	—	—	—	26.82	26.82	0
滩羊收益保险	保费收入	—	—	—	730.11	730.11	8
	赔付支出	—	—	—	466.06	466.06	7

资料来源：人保财险盐池支公司。

另外，荞麦产量保险的保费收入在 4 年间由 2016 年的 85.01 万元增长到 2019 年的 653.62 万元，累计保费收入 1 410.06 万元，占比 16％；累计赔付支出 2 774.81 万元，占比 40％，在所有险种中亏损额度最大，累计亏损超过 1 364 万元。

二、经济效果：促进特色产业大发展

盐池县立足于建档立卡贫困户的生产生活实际，在巩固提升传统农业保险保障程度的同时，侧重发挥价格类、收入类、产量类新型农业保险在保障困难群众稳定增收方面的作用，并取得较大成效。

一方面，盐池县的特色农业产业在保险扶贫的支持下逐渐发展壮大。盐池滩羊肉是 2016 年 G20（二十国集团）杭州峰会的指定食材，畅销北京、上海、广州等全国 26 个大中城市，备受消费者的青睐。近年来，盐池县充分发挥"盐池滩羊肉"地理标志产品的资源优势，创建国家级农产品地理标志示范样板，打造了从养殖场到餐桌的绿色通道，切实保障了滩羊肉产品的纯正和质量安全。盐池县还成立了滩羊产业发展协会，制定了从养殖、屠宰、加工、销售等一系列规程和标准，确保了盐池滩羊肉品质的纯正和质量安全。2019 年，盐池县全县滩羊饲养量达到了 300 万只以上，已成为贫困群众脱贫致富的主导产业，对贫困群众增收的贡献率达 80％以上。另外，荞麦一直是盐池县种植规模最大、分布最广的传统农作物，涉及家家户户的稳定增收。近年来黄花菜种植面积累计达到 8.1 万亩，亩均产值 1 万元，辐射带动了全县 3 950 户农民种植黄花菜。

另一方面，盐池县的特色农业产业的市场化水平逐渐提高。滩羊产业发展集团有限公司于 2017 年在宁夏盐池县成立，严把质量关、规范行业标准，建立了一套质量追溯体系。在养殖主体层面，通过"公司＋规模养殖园区＋养殖户"模式，不但保证了品质，而且使现代化水平和抗风险能力得到提高；在科技层面，开始发展基因认证以及品质纯化，同时加大科技投入，进一步研究提升滩羊的品质；在产业融合层面，推行养殖、旅游和加工 3 类产业高度融合并取得了初步的效果；在市场层面，盐池县领导带头到全国推广宣传滩羊，一年一度的"滩羊节"也成为当地极具特色的节日。

通过扶贫保险的实施，实现了滩羊养殖零风险，建档立卡贫困户增强了养殖信心，也敢放心增加农业投入，大胆贷款购羊、养羊，真正实现产融结合脱贫致富的目标。"扶贫保"特色产业保险很好地解除了贫困户的后顾之忧，调动了贫困户的积极性，使他们全身心投入到产业发展中，有利于增加农业收入，为实现脱贫目标保驾护航。同时，盐池县"扶贫保"人身保险工作的顺利开展有效防止了贫困户因病、因灾致贫返贫，为盐池经济的增长做出了积极贡献，发挥了保险促进经济发展、维护社会稳定、服务和谐社会的"社会稳定器"作用。在这一系列的产业发展进步中，老百姓得到了实惠，而保险无疑是支撑产业发展、兜住风险的最后一张网。2014 年和 2015 年羊肉价格出现暴跌，盐池县于2016年就开始推出价格指数保险。2019年盐池县农民从滩羊产业中获得的人均可支配收入占2019年全县农民人均可支配收入的一半以上。

三、社会效果：推动脱贫攻坚有成效

盐池县自2016年大力发展保险扶贫小数实践以来，坚持精确脱贫基本方略，紧扣"两不愁、三保障"（即不愁吃、不愁穿，义务教育、基本医疗和住房安全有保障）标准，强产业、稳增收，建机制、兜底线，脱贫攻坚取得显著成效：截至2018年，累计脱贫10 792户32 078人；农民人均可支配收入由2015年的7 674元增加到2018年的10 685元，年均增长11.3%；74个贫困村全部脱贫，基础设施明显改善，基本公共服务领域主要指标向全国平均水平不断靠拢；特色产业为贫困人口增收提供了60%以上的贡献率。盐地县于2018年经过多层审批，顺利完成脱贫摘帽。

4年来，扶贫保险扩大了保险服务社会的影响力，提升了农户通过金融保险手段防范风险的意识和能力，同时使农民对政府的满意度大大增加。当地农户在享受到了保险扶贫所带来的实实在在的好处后，投保意愿大大加强，由2016年建档立卡贫困户不愿意投保变为2018年、2019年抢着投保。2016—2019年，人保财险盐池支公司累计承保特色产业保险65 060户次，共有54 575户次的农民得到保险金补偿，累计赔付达6 961.5万元；中国人寿保险盐池支公司累计承保"扶贫保"人身保险超过10万人次，总赔付支出5 030.01万元，有效弥补了贫困户因病、因灾而遭受的经济损失，为盐池县顺利脱贫摘帽做出了不可磨灭的贡献。目前，盐池县继续坚持金融扶贫模式，全面推行"2+X扶贫保"，设立"扶贫保"风险补偿基金，建立盈亏互补机制，进一步提高保险额度、降低保险费率、拓宽保障范围，实现了对全县所有农户的扶贫保险政策扶持全覆盖。

保险扶贫也为补充政府管理职能发挥了重要的力量。一方面，保险的风险保障功能填补了政府救济功能的不足，保险公司由于长期从事风险管理和偿付工作，为投保农户提供及时赔付，让贫困户能够很好地发展生产，进行灾后重建；另一方面，保险的社会管理功能能够缓和贫困户与政府之间的关系，充当贫困户与政府之间的"润滑剂"，减少了贫困户因为遭受损失向政府寻求经济资助的现象，为脱贫攻坚的社会关系管理贡献力量。

此外，贫困户的保险意识及发展动力不断提高。一方面，贫困户在发展的过程中得到了实实在在的实惠，宁夏盐池县保险的赔付率都在70%以上，而且大部分保险费用支出都由政府承担，贫困户只需要缴纳少量的保费就能获得相当于本身投入几倍的经济补偿，农户再也不用担心扩大生产后一旦发生市场价格下跌和自然灾害会"一夜返贫"；另一方面，政府帮助贫困户选择项目，提供产业咨询、技术支持等帮助，贫困户大力发展滩羊、黄花菜等产业的动力大大提升。

以盐池县花马池镇四墩子村村民郭××为例。2016年，人保财险盐池支公司在盐池县花马池镇四墩子村开展扶贫保险的宣传推广工作，初次了解到扶贫保险的郭××对保险仍然存在一些偏激的理解。同年7月，人保财险盐池支公司开始收取"扶贫保"系列中的荞麦产量保险，郭××身边亲友仅有个别人抱着试一试的心态购买。在当年全县荞麦产量测产时，测产结果低于保险约定产量的，保险公司给予了赔付。

2017年是"扶贫保"产品在盐池推广的第二年。郭××认为，上一年保险公司是为了做宣传而特意进行了赔付，2017年不管产量如何都是不会给予赔款的。但是在盐池县农业技术推广服务中心的测产结果中，产量低于保险约定产量的，保险公司再次给予了赔付。

看到这两年的赔付情况，2018年开始购买荞麦保险的时候，郭××就早早来到人保财险集中收取保费的地点，咨询今年购买荞麦保险的有关事项，他说："经过两年的观察，我认为人保财险是可以信赖的保险公司，相信'扶贫保'真的是为老百姓谋福利的好保险。"最终他成功为自己家的15亩旱地荞麦购买了保险，同年，根据盐池县农业技术推广服务中心的荞麦测产结果，人保财险盐池支公司为郭××支付赔款822.14元。

2019年，真正得到实惠的他，放心地承包了亲戚家的15亩旱地，加上自己种植的15亩旱地，一共为30亩荞麦购买了保险，用他自己的话说："以前有心思发展种植业，但是担心各种风险，不敢轻易尝试。现在好了，有了人保财险的'扶贫保'为我们广大农户提供风险兜底。往后我还要扩大种植规模，自力更生，终于可以撸起袖子加油干了！"同年，根据盐池县农业技术推广服务中心的荞麦测产结果，人保财险盐池支公司为郭××支付赔款2 003.71元。

这样的案例在盐池还有很多。金融保险扶贫改变了长期以来财政扶贫送钱送物的"输血式"扶贫所带来的弊端，贫困户从"等靠要""要我发展"变成了积极主动"我要发展"，自我发展的能力和意识大大提升。这种深层次的改变实质上就是国家开展脱贫攻坚的根本目的。

第 三 章

盐池保险扶贫小数实践的政策创新

农业保险作为一种政策性保险，离不开各级政府和主管部门的政策支持，地方特色农业保险尤其如此。在中央和宁夏回族自治区农业保险和产业扶贫相关政策的基础上，宁夏盐池县政府出台了产品种类、分工推广和保险补贴等全方位的政策体系。本章认为，盐池精细化、差异化的保险扶贫政策创新为小数实践的落地和全国贫困地区保险扶贫的推广提供了可借鉴、可复制的政策样本。

第一节　标的创新——从保大宗农产品
到保小宗特色农产品的转变

从 2004 年中央 1 号文件首次提到政策性农业保险制度建设，到 2007 年全面开展种植业和养殖业政策性农业保险补贴工作，再到 2019 年财政部发布农业保险行业未来 3 年发展目标，农业保险的发展一直都是国家关注的重点。银保监会的数据显示，中央财政自 2007 年启动农业保险补贴以来，农业保险市场规模迅速扩大，保障作用有效发挥，截至 2020 年初，已累计支付赔款 2 400 多亿元。目前，我国各级财政在农业保险方面所做出的保费补贴比例已接近 80%，在世界上处于较高水平。

包括马铃薯、玉米、小麦、水稻、棉花、油料作物、糖料作物在内的种植业，能繁母猪、奶牛、育肥猪在内的养殖业，森林，青稞、藏系羊、牦牛在内的藏区品种，以及天然橡胶和财政部根据党中央、国务院要求补贴的其他品种，一直是农业保险开展的重心。除了藏区品种、天然橡胶和其他部分战略性农业品种外，中央财政补贴的农产品都是大宗农产品。大宗农产品的特点是：①种植、养殖范围大，多数产品为全国性产品或跨省性区域产品，其生产情况对社会生活具有巨大影响；②易于分级和标准化，供需双方的规模都很大，并且在全国形成了一些较为权威的市场，能够进行充分竞争，形成权威价格，同时商品易于分割，质量稳定，可以进行标准化；③易于储存和运输，不易变质，可以通过"期货＋保险"的方式锁定成本和收益，保证实物交割。

但是，在全国很多地区特别是贫困地区，当地的生态环境不适宜种植、养殖大宗农产品，农户因此无法享受到中央财政保费补贴政策带来的红利。同时，这些地区有一些特色优势农产品，例如盐池的滩羊、黄花菜等，其生产情况对当地农户的增收脱贫有很大影响。

为了解决这一问题，党中央、国务院从做出打赢脱贫攻坚战的决定时就从政策上支持地方开展特色农业保险的创新，2015 年发布的《中共中央 国务院关于打赢脱贫攻坚战的决定》提出加大金融扶贫力度，要求"积极发展扶贫小额贷款保证保险，对贫困户保证保险保费予以补助。扩大农业保险覆盖面，通过中央财政以奖代补等支持贫困地区特色农产品保险发展。支持贫困地区开展特色农产品价格保险，有条件的地方可给予一定保费补贴"。随后，中国保监会和国务院扶贫开发领导小组办公室联合印发《关于做好保险业助推脱贫攻坚工作的意见》，其中对精准对接农业保险服务需求提出了要求：保险机构要认真研究致贫原因和脱贫需求，积极开发扶贫农业保险产品，满足贫困户多样化、多层次的保险需求；要加大投入，不断扩大贫困地区农业保险覆盖面，提高农业保险保障水平；要立足贫困地区资源优势和产业特色，因地制宜开展特色优势农产品保险，积极开发推广目标价格保险、天气指数保险、设施农业保险；要面向能带动贫困人口发展生产的新型农业经营主体，开发多档次、高保障农业保险产品和组合型农业保险产品，探索开展覆盖农业产业链的保险业务，协助新型农业经营主体获得信贷支持。

在集中连片特困地区，老、少、边、穷地区，国家级和省级扶贫开发重点县，要以建档立卡贫困村、贫困户为保险支持重点，创设保险扶贫政策，搭建扶贫信息与保险业信息共享平台，开发精准扶贫保险产品，提供多层次保险服务。确保对象精准、措施精准、服务精准、成效精准是开展保险扶贫小数实践的题中应有之义。

2016年，宁夏回族自治区扶贫开发办公室与中国保监会宁夏监管局（以下简称宁夏保监局）共同制定了《宁夏精准扶贫"脱贫保"工作实施方案（试行）》，确定了宁夏实施扶贫保险的指导思想、目标任务、基本原则和实施范围，并规定了"脱贫保"（后统称为"扶贫保"）的具体险种，即优势特色产业保险、家庭意外伤害保险、大病补充医疗保险和借款人意外伤害保险4类产品。同时，宁夏回族自治区政府明确了以财政扶贫资金支持、推荐合作单位、鼓励开发适合需求的保险产品和优化理赔程序的支持政策框架，保障扶贫保险政策的顺利有效施行。

这些政策的出台为地方开展多种多样的创新进行了政策松绑，指明了发展方向。盐池县决定从滩羊、黄花菜等主产业出发，为贫困户发展生产制定一系列的政策，将保险标的实现了从大宗农产品到特色农产品的转变。相较于其他地区，盐池县在保险扶贫政策上主要有两点创新：①以特色产业为主。人保财险盐池支公司与政府主动合作，根据盐池群众产业发展实际和当地以滩羊、黄花菜、小杂粮、马铃薯、荞麦等产业为主的现实状况制订了扶贫保险实施方案，根据农业主产业的不同为农户量身定制了扶贫专用系列产品，实施保险助推脱贫攻坚新模式，即传统种植险、养殖险和新型产量险、收益险、价格险相结合。盐池保险扶贫开办的地方特色农业险种有马铃薯收益保险、黄花种植保险、荞麦产量保险、玉米收益保险、滩羊肉价格指数保险等。②与当地支柱产业相辅相成。盐池县的脱贫成功在于注重特色产业和保险之间相辅相成的关系，盐池的特色产业主要是滩羊和荞麦，在扶贫初期，保险公司并没有像在其他地区一样以传统农业保险为主，而是根据特色产业着重开发滩羊相关保险，为农户养羊进行全方位兜底保障，促进滩羊产业的稳定快速发展。

第二节　责任创新——从保产量到保全面的转变

过去，农业保险大多针对的是自然灾害或者是农产品的产量，并且对农业的生产经营和发展产生了重要正面影响。农户在农业生产中的部分风险损失得以弥补，提高了农民生产的积极性，在很大程度上保障了中国的粮食安全和经济作物的自给自足，对社会稳定产生了一定的正面影响。

但是，农业保险在农业发展中的作用受限面也开始凸显，这主要是基于农业发展的特点产生的。农产品的价格波动性很大，而农户个人也缺少影响市场价格的能力和水平，丰收之年往往出现"谷贱伤农"的现象，增产不增收成为常态。因此，单纯针对自然灾害或者是农产品产量的保险并不能完全保障农户的收益。

不同于针对自然灾害或农产品产量的传统农业保险，价格指数保险直指贫困户收入这一核心利益，能够更为准确地防止因市场价格波动导致的风险，因此，开展价格指数保险的探索势在必行。对于盐池县这样一个落后的国家级贫困县而言，实际上是缺乏开展价格指数保险的条件的。一方面，盐池县的滩羊、黄花菜、小杂粮等主要品种均为小市场品种，没有国家的权威收购价格进行支撑；另一方面，地方政府和当地保险公司缺少开展此类业务的经验，一切需从零开始。在这样的背景下，盐池县的扶贫、农业农村、市场监督管理等部门和人保财险盐池支公司开始从政策层面入手：一方面，完善当地的物价指数特别是农产品的收购价格指数，使其能够为价格指数保险提供支撑；另一方面，县政府出台实施方案，以红头文件的形式将"价格指数保险"作为盐池县保险扶贫政策的重要内容，2017—2020 年相继出台了扶贫保险实施方案，逐步扩大扶贫保险的保障范围。盐池县主要有玉米、马铃薯、能繁母猪等大宗农产品，相比全国大部分地区只保成本的传统农业保险来说，盐池对大宗农产品的保障更加全面，不仅保成本还要保收入。例如，其他地区政策性玉米种植保险的保险责任范围仅仅包括因火灾、雹灾、涝灾和风灾造成的灾害损失以及为减少损失所支付的施救费用，而盐池县的玉米种植保险不仅补偿因自然灾害造成的损失，还额外增加了针对病虫害的保险责任，在此基础上另外开设玉米收益保险，补偿因玉米价格降低或产量降低导致玉米销售收入低于合同约定的预期收益的损失，从而全方位提高盐池县种植玉米的农户的保障水平，鼓励农户扩大生产。农户可根据自己的种植情况选择最合适的保障，从玉米收益保险和玉米种植保险中进行自由选择。

在盐池县每年出台的扶贫保险实施方案中，价格指数保险是其重要内容之一，它与传统的自然灾害保险、产量保险进行搭配，不仅能够减少贫困户因为灾害所遭受的损失，也能够有效地减少市场价格波动较大给贫困农户带来的直接损失，满足了全县不同产业的发展需求。

第三节　定价创新——从静态价格到动态价格的转变

现阶段，大部分的农业保险产品都带着一定的政策性成分，纯粹的商业保险占比较少。一般的流程为：省级财政按照中央财政的统一标准确定省一级的当年保费补贴预算，并分配到市（县）一级。这种方式大多针对享受中央财政补贴的大宗农产品，并且保费标准和补贴规模存在一定的惯性，针对局部地区进行保费调整存在障碍，不适用于小区域的地方特色农产品品种。而对于一般商业性农业保险而言，投保人提出保险需求后，保险公司单方面报价，投保人根据价格情况选择投保或者不投保。由于农业风险的特殊性和农作物的多样性，且多数农户的经济水平较低，农业保险费率对于贫困户来说通常比较高。而如果保险公司降低农业保险的价格，则意味着降低保险金额，对于农户的保障程度不够，会降低农户的投保积极性，既不能满足农户实际需要，也无法解决脱贫攻坚的难题。

基于传统保险的弊端，要开展地方特色农业保险的尝试，就必须要在定价上进行一定的创新，因地制宜，满足贫困地区不同类型产业的发展需求，满足政府、保险公司和贫困户三方的需求。盐池县根据本地的发展实际，积极发挥政府的主观能动作用，与保险公司协商，动态决定保险费率、保险金额等具体内容，即：盐池县农业保险的费率由人保财险宁夏分公司根据政府出台的相关文件、市场竞争因素和政府支付能力进行厘定，并进行动态调整。例如，《中国人民财产保险股份有限公司宁夏分公司地方财政补贴型滩羊综合收益保险精算报告》提出："根据政府文件相关内容，结合市场竞争因素和政府支付能力，确定盐池县每只滩羊保费 40 元，费率水平约为4.23%，其他地区以当地政府方案为准。我公司将根据经营情况对产品进行定期跟踪，要求分公司与当地政府做好沟通，动态测算调整保险费率。"

协商定价的方式有以下的优势：①解决因缺少历史数据而定价不准确的问题。传统保险公司给农业保险定价是基于大数法则来制定的，以概率为精算依据，以保费为风险补偿基金池，基于事故发生来补偿损失，从而衡量保费收入和支出，实现承保利润。盐池小数实践突破了传统农业保险基于大数法则的定价标准，通过协商定价的方式对上一年的保费和保险金额标准进行调整，保证保险公司在一个较长的时间段内保本微利，商业可持续。②保险公司通过保险赔付的信息，对历史数据进行积累，为未来精准定价打下基础。③保险公司在贫困户遭受灾害或困难后，给予及时的救助，帮助政府减少救助的难度，节约大量的人力和物力。④政府设立"扶贫保"风险补偿基金，建立盈亏互补机制，以平抑保险公司的盈亏。保险公司在一个保险周期内如果有亏损，亏损的 40％由保险公司承担，风险补偿基金承担 60％；如果有盈利，盈利的 60％返回风险补偿基金，以保障其周转使用。

第四节　服务创新——从单一服务到综合服务的转变

脱贫攻坚是一项系统性工程，需要各部门、各机构、全社会共同参与其中。金融扶贫作为脱贫攻坚的重要内容，同样也需要在服务保障上进行创新，将过去单打独斗、保障单一的保险产品进行重新的组合梳理，以满足脱贫攻坚的各类需求。

在过去，地方政府与保险公司之间很少就完成某一项具体的政治任务或社会工作进行深入的合作。地方政府往往扮演的是农业保险的招标者和财政补贴资金的提供者，保险公司扮演的是农业保险的投标者和保险服务的提供者。同时，由于人身保险与财产保险分业经营的现状，寿险公司和财险公司也不会进行过于深入的协作，往往互不干涉，自我发展。

盐池县在开展扶贫保险工作的过程中，采取了纵向深入与横向延伸的方式，不断扩大保险扶贫的深度和广度，推动保险扶贫由单一服务向综合服务进行转变。从纵向上来说，地方政府发动乡（镇）、村为保险公司宣传业务，提供便利；保险公司则下沉重心，加强在乡（镇）、村的人员配置，主动开展承保、理赔等方面的工作。这为双方的长期合作发展奠定了较为坚实的基础。从横向上来说，地方政府与保险公司开展了更为深入的合作，政府与保险公司的联系更为紧密，两者之间更为信任。同时，中国人寿保险与人保财险两家保险公司相互协作，共同为脱贫攻坚进行服务，为贫困户构筑了一道牢固的保险屏障。

　　此外，盐池县也采取了其他方式推动扩大保险综合服务的范围，具体措施包括：①鼓励企业自建基地或与农户紧密对接的生产基地实行统一投保，鼓励各类农业专业合作组织为其成员统一投保，鼓励特色农产品生产基地跨乡跨村联户投保；②把扶贫保险与补贴政策、金融政策、扶贫产业政策、担保政策相结合，特别是与扶贫小额信贷进行有机结合后，可以同时为贫困户提供生产资金与兜住风险损失，实现"1＋1＞2"的效果；③以乡（镇）为单位设计，根据乡（镇）一级的不同产业发展格局设计保险产品，对保障品种、保险费率、保险金额等指标进行了全新的安排，保障程度更深、保障水平更高。

第 四 章

盐池保险扶贫小数实践的产品创新

从传统大宗农产品农业保险到地方特色产业农业保险，宁夏盐池县保险扶贫首先在产品层面上进行了创新。本章从盐池"2＋X扶贫保"系列产品出发，提炼盐池保险扶贫的产品特征，并详细介绍人身保险保障和农业保险保障的方案与创新维度。本章认为，盐池小数实践在大宗农产品农业保险的基础上，打破了大数法则局限性，扩展了可保风险边界尤其是农业保险品种的范围，为农产品愿保尽保奠定了技术基础。

第一节 "2＋X扶贫保"——2类人身保险保障

劳动力是决定贫困户的生产经营和发展能力的决定性因素。兜住贫困户的人身意外伤害损失和大病损失，是防止因病、因残致贫返贫的关键一步。盐池县的小数实践，瞄准了贫困人口这一"小群体"，以大病补充医疗保险、家庭成员意外伤害保险全覆盖为基础，解决了贫困户的后顾之忧。因此，盐池县在发展保险扶贫的过程中，将人身意外伤害风险损失和大病损失作为重要的赔偿内容，可以及时弥补人身意外伤害损失和大病损失。同时，优先将这两种保险纳入"扶贫保"产品体系，也可以在一定程度上减少地方政府的财政压力。

一、家庭成员意外伤害保险

"2＋X"扶贫保中的家庭成员意外伤害保险产品名称为国寿农村小额意外伤害保险（2013版）、国寿附加小额意外伤害费用补偿保险。意外伤害采用清单汇交形式承保，投保人为盐池县扶贫办，录入清单时按照每户户口人数

（家庭户口簿上记载的有效成员人数）均摊保费、保险金额。2016 年，此产品的投保方式是以户为单位，每户每年保费 100 元/份，每户意外伤害保险金额 90 000 元/份，意外伤害医疗保险金额 9 000 元/份，除去 100 元免赔额后按照 80%赔付，保险责任为意外死亡、伤残、意外医疗。2017 年，扩大了投保范围，保费、保险金额、保险责任均无变化。2018 年，新加入国寿农村小额定期寿险（A 型），保险责任增加了一项疾病死亡，疾病身故保险金额为 9 000 元/份（合同生效 90 日内因疾病身故，不予赔付）。2019 年初，投保方式为以人为单位，每人每年保费 25 元/份，每人意外伤害身亡、伤残保险金额 35 000 元/份，意外伤害医疗保险金额 5 000 元/份；3 月 30 日以后调整为 30 000 元意外伤害和 3 000 元意外医疗，保险责任相较 2018 年将疾病死亡剔除，更加符合意外伤害保险的保险责任。该产品的具体内容见表 4-1。

表 4-1　"2+X 扶贫保"中的家庭成员意外伤害保险产品信息

项目		2016 年	2017 年	2018 年	2019 年
投保方式		以户为单位	以户为单位	以户为单位	以人为单位
保费（元/份）		100	100	100	25
保险金额（元/份）	意外伤害	90 000	90 000	90 000	35 000；30 000（3 月 30 日以后）
	意外医疗	9 000	9 000	9 000	5 000；3 000（3 月 30 日以后）
	疾病身故	—	—	9 000	—
保险责任		意外死亡、伤残＋意外医疗	意外死亡、伤残＋意外医疗	意外死亡、伤残＋意外医疗＋疾病死亡	意外死亡、伤残＋意外医疗
赔付		除去 100 元免赔额后按照 80%赔付			

资料来源：盐池县人民政府。

二、大病补充医疗保险

　　大病补充医疗保险采用团体保单形式，以清单录入方式承保，投保人统一为县扶贫办。承保时以特别约定的形式明确，该业务只承保参保人员因住院发生的医疗费用，不承担任何特定门诊和普通门诊。同时，投保时按特约形式注明由保险公司承担被保险人因既往疾病导致的医疗费用赔偿责任。该产品的具体内容见表 4-2。

表 4 - 2　"2＋X 扶贫保"中的大病补充医疗保险产品信息

项目	2016 年	2017 年	2018 年	2019 年
保费（元/人）	60	90	90	90； 45（3 月 30 日以后）
赔付限额（元/人）	80 000	200 000	200 000	200 000； 100 000（3 月 30 日以后）
保险责任		大病住院医疗		

资料来源：盐池县人民政府。

2016 年的保险责任为：参保人员符合城乡居民大病补充医疗保险救助标准，因住院发生的医疗费用在城乡居民基本医疗保险、大病补充医疗保险等报销后，剩余的合理费用（符合宁夏回族自治区医保目录）在扣除大病补充医疗不合规费用和免赔额（与属地城乡居民基本医疗保险的大病保险起付线一致）后，按照 60％～80％给予再次赔付。

2017 年的保险责任为：参保贫困户的医保目录内医疗费用，在城乡居民基本医疗保险报销后，医疗费用在 5 000 元至大病保险起付线之间的，按 50％报销；在大病保险起付线之上的，大病保险报销后的剩余费用由大病补充医疗保险按比例报销，即医保目录内的个人自付医疗费用，由大病补充医疗保险报销 80％，个人负担 20％。医保目录外的个人自费医疗费用（对属县级以上综合医院认定的、该疾病治疗所必需的、无法替代的药品和医疗器材费用），由大病补充医疗保险报销补偿 70％，个人负担 30％，保险年度内最高报销额度 20 000 元。

2018 年的保险责任为：①参保一般农户的医保目录内医疗费用，在城乡居民基本医疗保险报销后，医疗费用在 5 000 元至大病保险起付线之间的，按 50％报销；在大病保险起付线之上的，大病保险报销后的剩余费用由大病补充医疗保险按比例报销。②参保建档立卡贫困户的医保目录内医疗费用，在城乡居民基本医疗保险报销后，医疗费用在 3 000 元以上的，大病保险报销后的剩余费用由大病补充医疗保险报销，即医保目录内的个人自付医疗费用，由大病补充医疗保险报销 80％，个人负担 20％。医保目录外的个人自费医疗费用（县级以上综合医院认定的、该疾病治疗所必需的、无法替代的药品和医疗器材费用），由大病补充医疗保险报销补偿 70％，个人负担 30％，保险年度内最高报销额度 20 000 元。

2019 年的保险责任为：参保人的医保目录内医疗费用，按现行城乡居民基本医疗保险和大病保险进行补偿后，需个人自付的医保目录内医疗费用由大病补充医疗保险报销 70％，年度医保目录内的医疗费用报销额合计以 10 万元为限；医保目录外的医疗费用不予承担。大病补充医疗保险产品的年度保费和保险金额信息如表 4－2 所示。总的来看，大病补充医疗保险的保险责任逐步拓展。

第二节 "2＋X 扶贫保"——X 类农业保险保障

产业发展是精准扶贫的重要举措之一，它与以往大水漫灌的救济性扶贫具有根本区别。但是在产业发展中也面临着自然灾害、疫情、市场价格波动等多种风险，要让贫困户改变靠天吃饭的历史，去紧紧拥抱市场脱贫致富，就必须帮贫困户兜住风险，帮助他们没有后顾之忧地发展生产。盐池县因地制宜，结合当地的实际情况创新开发出一整套符合当地产业发展特点的农业保险综合产品。目前盐池县的"小品种"农业保险综合产品主要包含了 8 类农业保险。将这 8 类农业保险产品纳入"扶贫保"系列主要出于以下原因：①所涉及的产业都是盐池县的农业支柱产业，也是贫困户通过发展生产脱贫致富的命脉所在；②这些产业的附加值较高，例如盐池滩羊已经成为全国地理标志产品，开展此类保险能帮助当地特色产业更加稳健地壮大；③这些产业在当地发展时间较长，有较为完备的气象数据、灾害数据，便于保险公司设计险种及协商定价。

一、黄花种植保险

（1）投保对象：盐池全县种植黄花菜的农户。

（2）保险金额及保费标准：保险金额 1 000 元/亩，保险费率 6％，保费 60 元/亩。

（3）保费承担：宁夏回族自治区财政补贴 50％（30 元），盐池县财政补贴 30％（18 元），群众自筹 20％（12 元）。

（4）保险责任：在保险期间内，由于自然灾害及晾晒期间连续阴雨等给贫困人员种植的黄花菜造成损失时，保险公司负责赔偿。

（5）承保计划：20 000 亩。

该保险产品的具体内容见表 4－3。该保险具体由人保财险盐池支公司承办。盐池县农业农村局负责核定损失，财政局负责资金监管，各乡（镇）组织实施。

表 4 - 3　黄花种植保险产品信息

项目	2016 年	2017 年	2018 年	2019 年
保险费率（%）	6	6	6	6
保费（元/亩）	60	60	60	60
保险金额（元/亩）	1 000	1 000	1 000	1 000
承保计划（亩）	3 000	2 000	5 000	20 000
保险责任		自然灾害＋晾晒损失		

资料来源：盐池县人民政府。

二、马铃薯收益保险

（1）投保对象：盐池全县种植旱地马铃薯的农户。

（2）保险金额及保费标准：马铃薯旱地保险金额为 700 元/亩，保险费率 4%，保费 28 元/亩。

（3）保险责任：因产量降低或价格下跌导致旱地马铃薯的销售收入没有达到保险合同约定的预期收益时，保险公司按照保险合同约定负责赔偿。保险金额根据旱地马铃薯约定合同价格和约定合同产量确定。

（4）约定收益：旱耕地亩产为 1 000 千克，每千克 0.7 元。

（5）保费来源：盐池县财政补贴 50%（14 元），群众自筹 50%（14 元）。

（6）承保计划：2 万亩。

该保险产品的具体内容见表 4 - 4。该保险具体由人保财险盐池支公司承办。盐池县发展和改革局牵头，农业农村局负责核定全县马铃薯平均产量，财政局负责资金监管，各乡（镇）组织实施。

表 4 - 4　马铃薯收益保险产品信息

项目	2016 年	2017 年	2018 年	2019 年
保险费率（%）	4	4	4	4
保费（元/亩）	70	28	28	28
保险金额（元/亩）	1 750	700	700	700
承保计划（亩）	5 000	10 000	20 000	20 000
约定收益	水浇地 1 750 千克/亩，1 元/千克	旱耕地 1 000 千克/亩，0.7 元/千克		
保险责任		自然灾害＋价格×产量		

资料来源：盐池县人民政府。

三、玉米收益保险

（1）投保对象：盐池全县种植玉米的农户。

（2）保险金额及保费标准：库井灌区玉米种植保险金额为 880 元/亩，保险费率 4%，保费 35.2 元/亩。

（3）保险责任：因产量降低或价格下跌导致保险库井灌区玉米的销售收入没有达到保险合同约定的预期收益时，保险公司按照保险合同约定负责赔偿。保险金额根据库井灌区玉米合同约定价格和合同约定产量确定。

（4）约定收益：库井灌区玉米亩产为 550 千克，每千克 1.6 元。

（5）保费来源：盐池县财政补贴 50%（17.6 元），群众自筹 50%（17.6 元）。

（6）承保计划：2 万亩。

该保险产品的具体内容见表 4-5。

表 4-5　玉米收益保险产品信息

项目	2016 年	2017 年	2018 年	2019 年
保险费率（%）	4	4	4	4
保费（元/亩）	35.2	35.2	35.2	35.2
保险金额（元/亩）	880	880	880	880
承保计划（亩）	5 000	5 000	20 000	20 000
约定收益	库井灌区玉米 880 千克/亩，1.6 元/千克	库井灌区玉米 550 千克/亩，1.6 元/千克		
保险责任	自然灾害＋价格×产量			

资料来源：盐池县人民政府。

四、玉米种植保险

（1）投保对象：盐池全县种植玉米的农户。

（2）保险金额及保费标准：扬黄灌区玉米种植保险金额为 300 元/亩，保险费率 6%，保费 18 元/亩。

（3）保险责任：在保险期内，由于自然灾害或病虫害直接造成保险玉米的损失，且自然灾害损失率达到 20%（含）以上，病虫害损失率达到 50%以上，保险公司按照保险合同的约定负责赔偿。

（4）保费来源：中央财政补贴 40％（7.2 元），宁夏回族自治区财政补贴 40％（7.2 元），盐池县财政补贴 10％（1.8 元），群众自筹 10％（1.8 元）。

（5）承保计划：10 万亩。

该保险产品的具体内容见表 4－6。该保险具体由人保财险盐池支公司承办。盐池县发展和改革局牵头，农业农村局负责核定受灾玉米损失，财政局负责资金监管，各乡（镇）组织实施。

表 4－6　玉米种植保险产品信息

项目	2018 年	2019 年
保险费率（％）	6	6
保费（元/亩）	18	18
保险金额（元/亩）	300	300
承保计划（万亩）	10	10
保险责任	自然灾害＋病虫害	

资料来源：盐池县人民政府。

五、荞麦产量保险

（1）投保对象：盐池全县种植荞麦的农户。

（2）保险金额及保费标准：荞麦产量保险金额为 256 元/亩，保险费率 5％，保费 12.8 元/亩。

（3）保险责任：在保险期间内，荞麦产量低于合同约定产量和价格时，保险公司负责赔偿。

（4）约定产量：亩产为 64 千克，每千克 4 元。

（5）保费来源：盐池县财政补贴 50％（6.4 元），群众自筹 50％（6.4 元）。

（6）承保计划：30 万亩。

该保险产品的具体内容见表 4－7。该保险具体由人保财险盐池支公司承办。盐池县发展和改革局牵头，农业农村局负责以建制村为单位核定产量和价格（如果涉及冰雹、霜冻和洪水等特殊情况的，以自然村为单位定量和价格），财政局负责资金监管，各乡（镇）组织实施。

（7）承保期限：种植业承保工作需在农户播种出苗后 45 日内完成。

表 4-7 荞麦产量保险产品信息

项目	2016 年	2017 年	2018 年	2019 年
保险费率（％）	5	5	5	5
保费（元/亩）	12.8	12.8	12.8	12.8
保险金额（元/亩）	256	256	256	256
承保计划（万亩）	10	10	30	30
约定产量	64 千克/亩，4 元/千克			
保险责任	自然灾害＋产量			

资料来源：盐池县人民政府。

六、基础母羊、种公羊养殖保险（即滩羊养殖保险）

（1）投保对象：盐池全县饲养基础母羊和种公羊的农户。

（2）费率标准：基础母羊、种公羊保险金额 600 元/只。保险费率为 6％，保费 36 元/只。

（3）保费承担：宁夏回族自治区财政每只补贴 15 元，盐池县财政每只补贴 15 元，群众自筹每只 6 元。

（4）保险责任：对畜龄在 1.5～5 周岁的基础母羊和种公羊，因条款中规定的自然灾害、意外事故、疾病造成牲畜死亡，保险公司负责赔偿。

（5）承保计划：65 万只。

该保险产品的具体内容见表 4-8。该保险具体由人保财险盐池支公司承办。盐池县农业农村局负责死亡羊只病种鉴定及监督死亡羊只的无害化处理，财政局负责资金监管，各乡（镇）组织实施。

表 4-8 基础母羊、种公羊养殖保险产品信息

项目	2016 年	2017 年	2018 年	2019 年
保险费率（％）	6	6	6	6
保费（元/只）	36	36	36	36
保险金额（元/只）	600	600	600	600
承保计划（万只）	20	20	40	65
保险责任	疾病＋意外＋自然灾害			

资料来源：盐池县人民政府。

七、滩羊收益保险

（1）投保对象：盐池全县饲养滩羊的农户。

（2）保险金额及保费标准：滩羊肉（肉羊）保险金额为945元/只，保险费率4.23%，保费40元/只，约定价格54元/千克，胴体重量17.5千克/只。

（3）保险责任：当保险期内滩羊因自然灾害、疾病死亡或滩羊肉平均销售价格低于保险合同约定价格时，保险公司按照保险合同约定负责赔偿。

（4）保费来源：盐池县财政补贴60%（24元），群众自筹40%（16元）。

（5）承保计划：40万只。

（6）承包期限：6个月。

（7）风险处理：滩羊肉价格保险责任实行封顶赔付，最高赔付限额为所收取保费的200%。

该保险产品的具体内容见表4-9。该保险具体由人保财险盐池支公司承办。盐池县发展和改革局牵头，盐池县农业农村局、农村社会经济调查队、宁夏盐池滩羊产业发展集团有限公司、盐池县滩羊产业发展协会配合提供季度县域羊肉价格表，财政局负责资金监管，各乡（镇）组织实施。

表4-9　滩羊收益保险产品信息

项目	2016 年	2017 年	2018 年	2019 年
保险费率（%）	4.17	5	4.78	4.23
保费（元/只）	30	39.6	39.6	40
保险金额（元/只）	720	792	828	945
承保计划（万只）	10	20	40	40
约定价格	38 元/千克	44 元/千克	上半年 46 元/千克，下半年 52 元/千克	价格 54 元/千克，胴体重量 17.5 千克/只
保险责任	价格	价格	价格	自然灾害＋疾病死亡＋价格

资料来源：盐池县人民政府。

注：该保险名称在2019年前为滩羊肉价格指数保险，2019年起变更为滩羊收益保险。

八、能繁母猪养殖保险

（1）投保对象：全县饲养畜龄在 8～48 个月的能繁母猪的农户。

（2）费率标准：能繁母猪 1 000 元/头。保险费率为 6%，保费为 60 元/头。

（3）保费承担：中央财政补贴 50%（30 元），宁夏回族自治区财政补贴 30%（18 元），群众自筹 20%（12 元）。

（4）保险责任：因条款中规定的自然灾害、意外事故、疾病造成牲畜死亡，保险公司负责赔偿。

（5）承保计划：5 000 头。

该保险产品的具体内容见表 4-10。该保险具体由人保财险盐池支公司承办。盐池县农业农村局负责死亡标的病种鉴定及监督死亡标的无害化处理，财政局负责资金监管，各乡（镇）组织实施。

表 4-10　能繁殖母猪养殖保险产品信息

项目	2016 年	2017 年	2018 年	2019 年
保险费率（%）	6	6	6	6
保费（元/头）	60	60	60	60
保险金额（元/头）	1 000	1 000	1 000	1 000
承保计划（头）	1 000	10 000	5 000	5 000
保险责任	疾病＋意外＋自然灾害			

资料来源：盐池县人民政府。

第三节　盐池"2＋X 扶贫保"产品创新点

保险扶贫在金融扶贫中扮演着重要角色，即补偿贫困户因自然风险和市场因素而导致的损失，因此保险扶贫是保险产品服务保障与当地产业的紧密结合。在保险扶贫的发展过程中，保险与产业之间形成了互相促进、互相影响的良性发展态势，而盐池县作为典型的国家级扶贫开发重点县，在以地方特色农产品为保障范围的前提下，开拓出了一个具有实践意义的保险扶贫小数实践之路。

一、保障小品种

我国疆域辽阔，不同地区具有不同的种植和养殖结构，尤其是贫困地区往往自然环境相对特殊，不具备大面积种植大宗农作物或养殖主要牲畜品种的条件，当地比较适宜种植或养殖小品种的农作物和畜产品，形成了很多地方优质特色品种。在保险扶贫领域，传统农业保险主要针对中央财政补贴的玉米、小麦、水稻、马铃薯等大宗农作物，或者能繁母猪等主要养殖品种。尽管中央有关文件鼓励地方开展优势特色农产品保险，但总的来看，中央、省（自治区、直辖市）、市（县）三级共同负担的财政补贴机制还没有建立，政策支持不足，政府与保险公司共建的兜底风险保障机制尚待完善。

此外，小品种的农产品相较于大宗农产品而言，其价格变动更为明显，更容易受到市场价格因素的干扰，导致价格暴涨暴跌，因此需要同时搭配农产品价格指数保险，兜住因市场风险所带来的损失。同时，贫困户自身也会面临疾病、伤残等人身风险，导致生产能力下降、贷款拖欠等情况出现，因此需要将人身意外伤害保险和大病补充医疗保险引入，实现对盐池地区小品种农产品生产和贫困户自身的全保障，逐步化解、打消农户因担忧自然灾害和市场价格波动而不敢生产或不敢扩大生产的顾虑。

盐池县是一个典型的以地方特色优质农产品为主的地区，有滩羊、荞麦、黄花菜等地方特色小品种农产品。因此，必须在中央财政补贴农业保险的基础上，对大宗农产品和地方特色小品种农产品进行保障，才能使贫困户获得全方位、无死角的保险保障，保护贫困户的基本收益。此外，盐池县各乡（镇）的产业结构差异较大，可以适时为每一个乡（镇）开发专属的地方特色农业保险，将"一县一品"拓展为"一县多品"。基于高度定制化、精准化的保险保障服务，不仅是精准扶贫的内在要求，也是未来保险业的发展方向。考虑到盐池各乡（镇）产业结构的差异，盐池保险扶贫小数实践为每一个乡（镇）的特色产业量身打造了地方特色农业保险，拓展了盐池县的"一县多品"。

盐池县为小品种量身定制的保险产品对当地农业发展起到了重要作用：一方面，小品种保险兜住了贫困户和普通农户发展地方特色产业的风险，帮助农户增收致富。例如，盐池滩羊的价格逐年抬升，2020 年增加至 64 元/

千克，已经成为当地农业的主导产业，加之有保险保障，贫困户的生产积极性得到极大提高。另一方面，小品种保险推动地区特色农业产业化、品牌化的形成。保险并不是单打独斗，而是与当地的农技部门等有效结合，进行查勘验损和理赔，在此过程中也能够对贫困户发展产业进行有效指导，提升农户的发展水平，促进产业发展壮大。

二、服务小市场

地方特色农业保险市场规模小，是一个普遍存在的现实性问题。目前，全国水稻、玉米、小麦三大主粮作物保险的保障程度已经达到较高水平，平均覆盖率超过70%，内蒙古、辽宁、浙江、安徽等地接近100%全覆盖。与传统粮食作物相比，这些年，各地特色农产品保险发展速度很快、势头很好，但与巨大的需求空间相比仍有很大的发展潜力。2017年，地方特色优势农产品保费收入81.2亿元，同比增长31.8%，但仅占总保费收入的17%，与农业保险的规模及小品种特色产业的产值相比市场规模仍然较小。小市场的规模不足导致地方特色农产品保险市场的供给不足。

因此要实现对于小市场的服务，必须要满足几个前提条件：①保险公司可持续经营发展。政府需要建立相应的风险补偿基金池，保证保险公司盈亏平衡，有足够的动力开展保险扶贫。②政府与保险公司通力合作。贫困地区地广人稀，单纯依靠保险公司的人员难以覆盖广大贫困地区，必须充分借助政府机构的力量，发动基层组织和地方政府各级金融服务体系，在承保、理赔等多方面向保险公司提供帮助，减轻企业负担。③保险公司要配合做好产品研发和服务，为贫困地区量身定制个性化保险产品，同时做好后续的理赔服务，方便、快捷地为需要的农户进行风险补偿。

盐池县作为典型的农业县，并且以地方特色农业为主导，也存在上述问题。滩羊、黄花菜、荞麦等产业市场规模较小，保险公司没有积极性怎么办？没有农业保险的保障，贫困户发展生产中面临的各类风险损失谁来补偿？保险公司发生亏损后，失去积极性怎么办？这些都是摆在特色农业保险扶贫面前非常现实的问题。

盐池县在开展保险扶贫的过程中，在产品层面也考虑到了这些问题，主要采取了以下措施：①扩大地方特色农业保险的覆盖面，将全县具备一定规模的农业产业全部纳入，形成规模效应，可以有效提高保险公司开展业务的积极性；②政府帮助保险公司开展政策宣传、组织动员等工作，减少了保险公司挨家挨户上门开展业务的时间成本和人力成本；③及时对小市场内的特色农业保险经营情况进行核算，根据盈亏的具体数额，按一定比例从保险风险补偿基金中提取或注入，建立了盈亏平衡机制。

三、关注小群体

贫困户是脱贫攻坚所服务的少数人群，保险扶贫的服务对象也同样是这些少数人群。农户发展生产受生态脆弱、干旱少雨等因素的影响较大，因病、因灾、因意外而致贫返贫的情况突出。具体而言，贫困户这一小群体面临的主要风险有以下几个方面：①因病、因残致贫返贫占比较大，较容易受到人身意外伤害和疾病困扰，影响其可持续发展能力；②产业发展能力较弱、文化水平不高，不掌握或者很少掌握专业化的生产技能，产品难以形成规模化、标准化和产业化，抵御市场风险的能力较弱；③信息渠道不畅通，对于市场的变化后知后觉，很难对市场的变化做出及时应对，种植、养殖较为盲目。这些都导致了贫困户容易受到市场和自身风险的双重影响，因此必须建立起以人身意外伤害保险和大病补充医疗保险为基础、以多种特色农业保险为补充的保险模式，力求为全县贫困户构建起一张功能完备的保障网。

首先，盐池县针对上述存在的风险，运用了综合保险手段，以实现对贫困群众的风险全覆盖。"2＋X扶贫保"产品中的2类人身保险就是大病补充医疗保险和家庭成员意外伤害保险，可以有效防止贫困户因病、因意外致贫返贫；X类农业保险就是各类中央财政补贴的保险和地方特色农业保险，这些保险基本涵盖了盐池县的主要产业和全部农户，且险种还在不断增加细化。

其次，盐池县将小群体的概念进行了扩大，其目的是防止普通农户因为自然灾害、意外或者市场风险发生致贫返贫的问题。《盐池县2017年扶贫保险实施方案》中提出，在风险可控的前提下，从实际出发，整合各类资金，坚持政府引导、市场化运行、"保本、微利"的原则，充分发挥保险行业优势，实现全县农村居民扶贫保险全覆盖，做到脱贫路上零风险，为全县如期实现脱贫攻坚目标保驾护航。这实际上也是推动农村地区整体发展，做好乡村振兴与脱贫攻坚有效衔接的先行先试。

最后，盐池县对建档立卡贫困户和非建档立卡贫困户的保费补贴逐步实现统一。在2017年，盐池县开始尝试非建档立卡贫困户享受扶贫保险政策时，对建档立卡贫困户的补贴标准为每户财政补贴（含2类人身保险）最高额度为1 000元（群众自筹部分由扶贫专项资金全额补贴）；对非建档立卡贫困户的补贴标准为每户财政补贴（含2类人身保险）最高额度为500元（群众自筹部分由县财政资金给予60％补贴）。到2019年时，盐池县扶贫保险政策已经扩展到全县所有农户，非建档立卡贫困户按照建档立卡贫困户标准实施。对建档立卡贫困户和一般农户的2类人身保险（大病补充医疗保险和家庭综合意外伤害保险），群众自筹20％，政府补贴80％；对X类产业保险，群众自筹部分由政府补贴40％。贫困户和普通农户实现了统一政策、统筹发展。

在盐池县"2＋X扶贫保"模式的发展历程中，保险品种不断丰富，受益人群不断增多，深度和广度不断提高，真正实现为农户可持续发展服务。保障农户的生产生活安全是开展扶贫保险工作的根本之义。

第 五 章

盐池保险扶贫小数实践的服务创新

我国从 2007 年开始探索地方特色农业保险，但大多数地区的参保率在 50％以下，而盐池地区则基本实现 100％的参保率。盐池保险扶贫小数实践极高的群众参与率，不仅取决于产品和政策方面的创新规定，同时还有赖于保险公司专业、全面的保险服务体系。盐池小数实践的服务体系既包括保险服务，也包括农业科技、市场监督管理等部门的配套支持。保险公司不断完善与创新"扶贫保"产品的宣传、承保和理赔服务，为小数实践全面推广奠定了群众基础。

第一节　多种经营结构相结合的承保服务

承保是开展保险扶贫的第一步，宁夏盐池县在开展保险扶贫的过程中，对农户主要采取了团体整村统保与按户承保相结合的方式，对新型经营主体采取了适应小户特征的合作社保险方式。具体情况如下：

一、团体整村统保和按户承保相结合

不同于国内其他地区的"一户一单、一户一保、一户一赔"的简易农业保险服务体系，盐池县对农业保险承保模式进行积极创新，因地制宜，以建制村为单位出具保单，构建"一村一单、一户一保、一户一赔"的农业保险服务体系。

盐池地区保险公司为了方便农户投保，在 2016 年推行保险工作伊始，实行进村入户、挨家挨户面对面的方式收取保费，以确保扶贫保险的推行。

在扶贫保险全覆盖之后，通过村民委员会的大力宣传，每户参保农户的人身保险及农业保险的投保工作全部集中在村民委员会办理。在团体整村统保的方案下，保险公司大大降低了运营成本和人力成本。

同时，为避免因各种原因错过保险公司整村投保而未能及时投保的农户失去保障，保险公司实行先到村再到乡的保费收取方式，在乡（镇）营业网点预留投保通道，未及时交保费的农户也可到保险公司营业点投保。通过提供为每一户农户承保的服务，保险公司可以确保不落下每一户农户，实现愿保尽保。

坚持按户承保是出于确保每一户农户利益的考虑。一方面，不同农户投保的品种、数量和险种存在一定的差异，农户自身所出的资金也存在差异，以户为单位能够保证每一户农户的利益，做到权责对等；另一方面，让贫困户作为被保险人，更能够提高农户的投保意识，明确扶贫保险政策性与商业性相结合的属性，为未来进一步开展市场化农业保险业务奠定基础。

团体整村统保与按户承保相结合的投保模式为农户投保创造了便利条件，最大限度实现了参保农户"最多跑一次"的便民目标。同时，由挨家挨户收取保费到由村民委员会组织统一投保、设立保费收费点的承保方式，达到了保险公司在节约成本的条件下服务每一个家庭、每一户农户的目的，从而为扶贫保险的推行起到助力作用。

二、适应小户经营特征的合作社保险

2019年的中央1号文件《关于坚持农业农村优先发展 做好"三农"工作的若干意见》中提出，要"突出抓好家庭农场和农民合作社两类新型农业经营主体，启动家庭农场培育计划，开展农民合作社规范提升行动，深入推进示范合作社建设"。聚集着众多农民个体的新型农业经营主体在不断进步和发展的过程中，所面临的风险因素相互交织，对农业保险的潜在和实际需求越来越迫切。

盐池县所面临的情况与全国其他地区大抵类似，当地农民成立了众多的合作社。例如，滩羊养殖合作社是一种针对小户或散户滩羊养殖的集体合作经营形式，对散户的滩羊进行集体管理、培育、售卖。滩羊养殖合作社组织社员进行滩羊养殖、销售，供应所需要的生产资料，并且组织开展相关的技术交流和技术咨询服务。盐地县发展新型经营主体如滩羊养殖合作社等约 500 家，和龙头企业等共辐射带动农户 1.98 万户，规模化养殖比例在 60% 以上。本研究课题组通过对部分农户的走访调研发现，滩羊养殖合作社拥有专门的羊圈、饲料仓库等专业化设施，吸引了很多农户加入，合作社对其养殖的滩羊统一进行培育管理，统一饲养、统一防疫，这不仅能降低滩羊养殖的经营风险，还能节约人力成本。

结合盐池县滩羊养殖合作社这种特殊的组织模式，盐池县保险公司把滩羊养殖合作社作为投保主体。合作社作为投保组织者，代表社员和保险公司进行对接，协助完成农业保险实务中的具体工作，如签订保单、宣传动员、政策宣导、查勘定损和理赔等；合作社完成统一参保以后，把标的投保内容明确落实到每一位社员。此举不仅解决了农民不熟悉保险操作的问题，也大大提高了保险实施的效率，增强了投保及理赔等工作的便捷性和准确性。

例如，盐池县王乐井乡牛记圈村村民官××在 2014 年被列为建档立卡贫困户。2012 年他加入盐池县盛博种养殖专业合作社。该合作社是王乐井乡"支部＋协会＋党小组＋党员＋农户"党建示范点，建有标准养殖暖棚 25 个，占地面积 9 900 米^2，现养殖规模达 2 400 只滩羊。该合作社积极响应盐池县委、县政府的号召，将滩羊产业作为农业农村发展的"主导产业"来抓，通过科学饲养走标准化规模养殖之路，探索出了许多成功的经验，其滩羊生产已实现由单一分散饲养向园区集中科学饲养、市场化经营的转变，保证了滩羊产品的质量安全。人保财险盐池支公司统一为该合作社办理了滩羊养殖保险，以合作社为投保单位统一出单，合作社统一组织社员参保。人保财险盐池支公司加强对合作社全体社员的保险宣传，告知扶贫保险政策，让社员明白该保险的投保和理赔操作，使得保险业务开展得非常顺利。

第二节　定向、精准、灵活、便捷的理赔服务

理赔是开展保险扶贫的最后一步，也是让贫困户享受实实在在的保障、获得风险损失补偿的关键一步。盐池县为了让贫困户享受到定向、精准、灵活、便捷的保险服务，主要采取了政府与保险公司合作快速定损理赔和建立快速应赔尽赔通道两种方式。

一、保险机制实现定向、精准理赔

宁夏盐池"2＋X扶贫保"模式不仅实现了对贫困户"小群体"的全覆盖，而且保险作为一种"针对性的金融服务"，扶贫保险的理赔服务也是定向、精准的，即点对点的理赔服务。贫困户中，谁发展生产时遭受的自然灾害损失大，谁得到的补偿就多；哪个品种的价格波动大（下降多），哪个贫困户种植、养殖的数量多，谁得到的补偿就多。这样就体现了保障对象的定向、精准，有效解决了传统财政支农补贴资金"撒胡椒面"的问题。对于保险扶贫小数实践来说，其服务的产业一般都是助力贫困户脱贫增收的主导产业，贫困群众产业的投保受益情况与贫困群众脱贫增收的成效直接相关联。从这个角度看，"2＋X扶贫保"模式借助了保险"针对性的金融服务"机制的特性，进一步提升了扶贫的效果和效率。此外，从扶贫资金使用的角度看，正所谓"好钢用在刀刃上"，提升了扶贫资金使用的效率。

二、政府与保险公司合作开展专业、快速理赔

为了使盐池县政策性农业保险得到良好发展，保险公司通过与农技部门合作，可以获得更全面的滩羊因病因灾致死的具体情况、灾害发生频率数据，夯实保险公司定价的数据基础。当滩羊产业提升至盐池县特色现代化农业体系的主导产业地位之后，盐池县政府对于主导产业的关注度进一步提升，对于滩羊养殖过程中的免疫情况、疫病发生率、养殖规模都有明确的统计和分析。通过县政府的数据采集，盐池县农业生产过程中的第一手数据为保险公司提供了权威、及时的资料，保证保险公司在费率厘定、防灾防损和理赔时更好地发挥因地制宜的特点，推动保险服务由单一品种向多档次、多品种转变，具有更强的针对性，更加适应盐池县农业生产的实际需求。

对于滩羊肉等价格指数保险，保险公司积极借助政府相关部门的力量。盐池县政府农业农村局对县城主要农产品批发市场、农贸市场和大型超市的本地产蔬菜和肉类价格进行了跟踪采集调查，逐日记录农产品单位价格，逐月进行价格变化分析。盐池县有关部门的价格统计资料为特色保险的精确化产品改良和理赔实务提供了有力的数据保障，体现了盐池县特色农业保险的公平，提高了效率。同时，为了保证滩羊肉价格及时准确发布，盐池县政府

将过去单一由农村社会经济调查队测定价格的方式，调整为由发展和改革局牵头，农业农村局、扶贫办、滩羊养殖协会配合指导，市场监督管理局每季度发布一次滩羊肉价格，以便保险公司更好地为农户做好理赔服务。政府相关部门发布的滩羊肉价格为保险公司的滩羊肉价格指数保险理赔提供了具有公信力的价格标准。

对于种植业保险，保险公司积极借助新技术测量产量。保险公司在理赔时采用科技手段更精准地测定平均产量，以厘定费率、衡量赔付标准。以荞麦产量保险为例。当自然灾害造成荞麦产量减少，导致参保农户的实际产量低于保险合同约定的 3 年平均产量时，保险公司按照合同约定负责赔偿。因此荞麦的平均产量数据是该险种理赔实务中不可或缺的因素。但是由于荞麦作物本身的特殊性，其收获时间较短，收获后及时测定产量的方法选择较为棘手。一般而言，在正常收获年份亩产量超过 50 千克且种植地块分散的现实情况下，是很难实现逐一测定每户农户实际产量的。同时，盐池县地域辽阔，不同区域土地肥沃程度差异较大，若全部进行加权计算得出的荞麦平均亩产量数值对于不同区域的农户是不公平的。因此人保财险盐池支公司选择通过无人机随机抽取盐池县内的单位产地，然后利用现代农业技术手段测定该随机选择的荞麦种植地产量，并结合历年数据综合评定荞麦平均亩产量。

三、建立绿色理赔服务通道

应赔尽赔政策主要是针对滩羊养殖保险业务开展的需要而制定的，为了切实提高贫困地区金融服务效率，当地政府指导辖区内保险公司有效提高对扶贫类企业和贫困户金融服务的便捷性和可得性。

人保财险盐池支公司在与政府协商后，为了保障贫困户的经济利益，同时提高"扶贫保"系列产品的群众获得感，对贫困户的损失采取了应赔尽赔，在实践中严格执行"扶贫保"相关条款，在符合条款责任规定的前提下，尽最大可能为贫困户争取利益。例如滩羊养殖保险，与宁夏回族自治区政府约定保险金额为每只 500 元相比，盐池县根据实际情况提高了保险金额，给农户提供了充足的保障。由于保险金额设置的初衷为保证农户不亏本，所以此险种在兜底保障的同时又能避免道德风险。投保滩羊养殖保险的多为建档立卡贫困户，这进一步体现出此险种的扶贫保障作用。

同时，针对当地贫困户因病、因残而行动不便、资料不全、报案不及时等，导致保险公司不能及时赔付的问题，村"两委"（村党支部委员会和村民委员会）、驻村工作队、第一书记等积极收集赔付人员信息和名单交给保险公司，由保险公司统一核定赔款支付，让贫困户足不出户即可拿到保险赔款。

此外，人保财险盐池支公司针对大灾扶贫保险还建立了大灾理赔绿色通道机制，积极主动开展理赔工作，加快理赔速度。主要是及时制订查勘定损工作计划，组建查勘定损业务骨干和专业团队，发挥专业优势；加大农业保险理赔科技应用，简化理赔手续和资料，优化理赔服务流程，对于难以现场查勘或需要多次查勘才能定损的案件，结合实际预付赔款，帮助受灾贫困户恢复生产。

例如，霍××是盐池县高沙窝镇二步坑村村民，身体有残疾。他于2016年饲养了30多只羊，这是他的全部家当，但在饲养过程中仅存活了10多只。万幸的是死亡羊只中有18只基础母羊已在人保财险盐池支公司投保滩羊养殖保险，且导致死亡的疾病在保险责任范围内，可获得相应的赔款。人保财险盐池支公司收到报案后，启动绿色服务通道机制，仅用3天，霍××的一卡通账户就收到了保险公司支付的9 720元赔偿款，这笔赔偿款对霍××来说起到了雪中送炭的作用。又如，李××等80户盐池县大水坑镇新建村村民种植的荞麦于2016年9月24日遭受了冰雹，这给村民们带来了巨大的打击。人保财险盐池支公司会同种植、养殖专家及相关政府部门迅速赶到现场，测产实际亩产50.15千克，与合同约定（亩产64千克）的差额为13.85千克/亩，以4元/千克进行理赔，共赔偿88 640元，由此可见，扶贫保险在关键时刻具有非常重要的作用。

第三节　多渠道、多样化的宣传推广服务

宣传推广是保证保险扶贫政策到户到人、扩大保险扶贫覆盖面、提高贫困群众保险意识的必要方式。为了适应当地农户的分布特点和习惯方式，盐池县主要采取了线上与线下宣传相结合、网点与流动宣传相结合的方式。具

体如下：

一、线上与线下宣传相结合

为确保宣传效果达到预期目标，盐池县政府采取了线上宣传与线下宣传相结合的模式，确保"扶贫保"系列产品出现在每一位贫困户的视野之中。

在盐池县委、县政府的大力推广下，盐池滩羊成为 2016 年 G20 杭州峰会、2017 年金砖国家厦门峰会、2018 年上海合作组织青岛峰会等的指定供应食材。为进一步推动滩羊产业的健康发展，盐池县建设了滩羊产业技术研发中心、滩羊文化展示馆、盐池农产品展示展销中心，全面推动滩羊产业向高端化迈进，把盐池打造成"全国高端羊肉生产基地、全区滩羊生产核心区"。盐池滩羊主导产业良好的生产与承销制度为保险公司滩羊保险产品的稳定发展提供了极大的外部支持。盐池县域下沉市场的保险经营商主要是中国人寿保险、人保财险两家，特别是政策性保险①市场主要由国有大型保险公司承担保障责任。另外，县域市场的消费者大多数是普通老百姓，对于保险产品品牌、种类等的意识比较淡薄，但是拥有很大的发展潜力。盐池县政府协同当地保险公司制定了与县域下沉市场需求相匹配的宣传方式，将两家保险公司的保险产品进行组合宣传，大力发掘县域下沉市场的潜力。无论是对贫困户还是普通农户、城镇居民，保险公司都主动出击，通过广泛宣传，让全体盐池人民群众全面认识了"扶贫保"系列产品和服务。

由于盐池县的经济发展水平不高，所拥有的教育资源也相对匮乏，当地农民的文化水平普遍不高。人们对于未知的新生事物通常会感到陌生或者害怕。保险作为一种新生事物，农民是否了解保险、懂保险，在一定程度上决定了他们是否接受且信任保险，进而也决定了地方特色农业保险的开展是否顺利、成效是否达到预期。盐池县政府根据当地实际情况，为了避免农民因文化水平不高导致的局限性，并确保每位贫困户都能理解政策性保险产品的

---

① 政策性保险是指政府出于某种政策上的目的，运用商业保险的原理并给予扶持政策而开办的保险。政策性保险分为社会政策保险和经济政策保险两大类型。社会政策保险即社会保险，它是国家为了稳定社会秩序，贯彻社会公平原则而开办的，具有一定的政治意义。经济政策保险是国家从宏观经济利益出发，对某些关系国计民生的行业实施保护政策而开办的保险，它包括出口信用保险、农业保险、存款保险等。政策性保险一般具有非营利性，由政府提供补贴与免税等，并由政府立法保护。

相关信息，要求扶贫办与合作保险公司加强协作配合，高度重视并积极进行"扶贫保"系列产品的宣传推介工作。在提升宣传工作主动性的同时，保险公司根据群众文化水平不高的情况，采取通俗易懂的方式制作宣传彩页、宣传手册等宣传材料并分发到贫困户手中，通过多类型、立体化的宣传方式，广泛介绍保险在脱贫攻坚过程中的重要意义。

盐池县要求各乡（镇）、各有关部门要充分利用电视、广播和报纸等新闻媒体进行"扶贫保"系列产品的宣传。同时，通过微信、网络、手机APP等方式加强各类保险工作的宣传和动员力度，在农民可以接触到的各大媒体平台上投放了大量关于"扶贫保"系列产品的宣传内容。通过这种线上的宣传模式，极大增加了"扶贫保"系列产品的曝光率。无论农户看电视、听广播、看报纸，还是看手机，都能接触到保险扶贫的有关内容。

盐池县政府还要求保险公司通过街边展板、条幅来宣传"扶贫保"系列产品。同时，保险公司还在农村的一些广告墙面上粉刷保险公司的名称进行宣传，既提升了保险公司的品牌知名度，又增加了农户对于保险公司的熟悉程度，从而提高保险产品的宣传效果。另外，保险公司还通过发送传单、保险产品宣传手册等实物来进行线下宣传，并在纸质材料中印上保险公司的网站、微信公众号、产品详情二维码等内容，引导农户通过线下、线上多种方式全面、详细了解保险产品，增加保险产品的宣传效应。

二、网点与流动宣传相结合

现代的移动互联网技术和信息技术正在通过消费扶贫的各种手段逐渐渗透到贫困户生活的方方面面，信息社会正在贫困地区迅速形成。盐池县域面积达 8 000 多千米^2，为宁夏回族自治区面积最大的县，所辖乡（镇）较多，贫困群众居住分散，因此还需采取网点与流动宣传相结合的方式对贫困户进行政策宣传，以满足农户的不同需求。

一方面，盐池县采取网点宣传的方式，以保险公司的乡（镇）网点为基点，向乡（镇）周边地区进行扩散，实现以点扩面的效果。同时，这样的宣传方式具有常规性的特点，贫困户只要来办理业务就能够及时地知晓业务，不受时间和空间的约束。另一方面，盐池县也采取了流动宣传的方式，乡（镇）政府和保险公司协同合作，借助办理保险业务、理赔以及农闲时节等到村里直接宣传"扶贫险"业务。这种方式灵活多变，既满足了偏远地区贫困户的保险需求，又丰富了贫困户的保险知识，还提高了贫困户的保险意识。

以人保财险盐池支公司为例。人保财险盐池支公司在全县8个乡（镇）设立了4个"三农"营销服务部，充分发挥网点的优势，通过营业网点定期在所负责区域进行保险产品的宣传工作。同时，本研究课题组在实地调研中发现，盐池县城中和各建制村中都可以看见保险公司营业网点制作的宣传横幅。

与此同时，盐池县的保险公司会同县政府扶贫办等部门组成"脱贫富民培训宣讲团"，在脱贫富民培训中大力宣传保险的保障作用。截至2019年12月底，宣讲团到乡（镇）、村庄、机关等地累计进行了20多场次的宣讲。通过宣讲，将贫困户脱贫的实际案例展现给未脱贫的贫困户及当地其他农户，不但改善了政策性农业保险在贫困户心中的印象，还增加了农户参与扶贫保险的积极性。

第 六 章

盐池保险扶贫小数实践的机制创新

在盐池县保险扶贫工作开展的过程中，已经形成了一系列相对成熟的运行机制，主要有动态协商定价机制、综合保险服务机制、风险分散补偿机制和监督考核激励机制四类。这些机制在很大程度上保障了保险扶贫的平稳运行，并为未来继续深化发展奠定基础。

第一节 动态协商定价机制

一、动态协商定价机制的基础

政策性农业保险具有准公共物品的市场特性，要求政府和保险公司协同推进农业保险的开展。传统农业保险在定价上受到大数法则的定价方式和政府招标价格的双重影响，当保险公司的定价与政府招标价格契合时，农业保险的定价标准确定。但是，这种模式也带来了两个方面的限制：一方面，保险公司为了获得农业保险业务，会在一定程度上压低投标价格，在利润降低的情况下可能会带来后期服务品质的下滑；另一方面，此类定价具有一定的历史惯性，不能根据年度情况进行及时的调整，同时保险公司和政府部门之间也不存在长期合作关系。

为了克服传统农业保险定价上存在的问题，盐池县在传统政策性农业保险由政府补贴的基础上，由县政府和保险公司协商拟定地方特色农业保险的保费，并持续跟踪保险产品承保与理赔情况，动态调整保险费率。在定价方面，创新了传统政策性农业保险大数法则的定价方式，引入保险公司和政府协商定价和供需的谈判议价机制；在运营方面，盐池县政府有关部门持续关注地方特色农产品保险的销售、保全和理赔各个环节，协助保险公司和农户做好农业风险管控和农业保险服务工作。

二、动态协商定价机制的流程

动态协商定价机制建立的基本流程是：①盐池县政府在制订保险扶贫实施方案以后，与保险公司进行沟通，确定第一年的保费、保险金额等标准。②盐池县政府根据第一年的保险扶贫实施情况以及保险公司的保费收入、赔付、盈亏等具体情况，从风险补偿基金中提取或是向风险补偿基金中注入一部分资金，以平抑保险公司的盈亏。③盐池县政府在第二年制订保险扶贫实施方案前，根据第一年保险公司的盈亏情况考虑第二年的保费或保险金额制定。若保险公司出现亏损，可适当提高保险费率，降低保险金额；若保险公司出现盈利，可适当降低保险费率，提高保险金额。④在积累多年数据以后，再对保险公司的财务数据及自然灾害数据进行分析，对未来的精准定价进行调整。

例如，《中国人民财产保险股份有限公司宁夏分公司地方财政补贴型滩羊综合收益保险精算报告》指出，"根据政府文件相关内容，结合市场竞争因素和政府支付能力，确定盐池县每只滩羊保费 40 元，费率水平为4.23％，其他地区以当地政府方案为准"。2016 年对于盐池县来说是最为艰难的一年，经历了前两年的滩羊低价风波，滩羊价格指数保险成了盐池县滩羊产业的"及时雨"，其费率被定为 4.17％，在 2015—2019 年 4 年中是最低的。正是这种定价机制使得盐池县滩羊产业在 2017 年快速发展的同时稳定了市场价格，之后滩羊肉价格开始上涨。政府和保险公司根据市场情况不断调整费率，保险与特色产业同步发展创新。

动态协商定价机制的先进性在于解决了大数法则对于历年历史数据的要求，打破了大数法则的定价方式。动态协商定价机制具有以下几个显著的优势：①对历史数据要求不高，为广大农村地区特别是贫困地区等保险业发展不充分地区开展保险扶贫业务提供了便利；②定价方式较为灵活，可以通过调整年度保险费率和保险金额保证保险公司实现保本盈利，保证政府完成扶贫任务，实现互利共赢；③实现对地方特色产业的覆盖，通过动态协商定价的方式形成对县域甚至是乡（镇）特色品种的覆盖，能在更大程度上降低贫困户的产业发展风险。目前盐池县的农业保险产品定价已经细化到了乡（镇）一级。

第二节 综合保险服务机制

一、保险公司搭建服务平台

在开展保险扶贫的过程中，地方政府的各级组织机构与保险公司的县、乡、村三级服务网络之间一直在进行密切的合作，达到了"1＋1＞2"的效果。

从保险公司层面看，保险公司进一步下沉工作重心，加强了乡、村两级的服务力量。人保财险盐池支公司专门成立保险扶贫工作领导小组，建立定期拜访制度，班子成员加强对县委、县政府主管领导的请示汇报，并重点强化与各职能部门及各乡（镇）的有效沟通和互相联系，取得人力和技术上的支持，弥补农业保险队伍在人力、专业技能方面的不足，为扶贫保险的顺利推进营造良好宽松的外部环境。保险公司与政府联合建立了保险驻村信息员的制度，该方案要求每个建制村入驻 3 名保险信息员，一方面是为了应对部分不了解保险的农民群体，采取循序渐进的劝导方式使农户接受保险产品；另一方面也是为了使投保了扶贫保险的农民群体及时享受后续保险服务，使得投保了扶贫保险的农户能够信任保险、安心发展生产，同时这部分农户也对未投保的农户起到了很好的示范作用。在扶贫保险的承保方面，盐池县扶贫保险政策刚出台的几年，为了使农户少跑路，同时为了提高扶贫保险的覆盖率，盐池当地保险公司在每年农业保险投保的时候主动上门，挨家挨户收取保费，使农户足不出户就可以购买到保险产品，并且当时对于建档立卡贫困户的保费是全补贴的，极大提高了贫困户的投保率。在之后的几年，保险公司从过去的挨家挨户收保费变为在每个建制村设立固定的投保点，每年投保时由村民委员会告知农户。对于因事无法及时投保的农户，保险公司还允许他们之后去网点补办。最初，保单信息先在建制村由农户手工填写，然后再去分支机构用电脑录入，这种方式有时会造成录入信息错误等现象的发生。因此，保险公司近年来通过互联网实行了"一站式"服务，农户填写保单信息后，可以直接在建制村内完成投保、打印保险单等操作，大大减少了因信息错误而使农户感到不满的现象。

保险公司在每个村聘请专业或兼职协保员，成立了保险扶贫工作组。例如，人保财险盐池支公司先后在 4 个乡（镇）设立了承保、理赔业务功能齐全的"三农"营销服务部，业务覆盖全县，并且在各"三农"营销服务部专门配置农业保险工作人员。同时，为了确保滩羊这一活体动物保险的查勘定损迅速且公正，保险公司建立了"协赔员"制度，由当地村民担任协赔员，极大提高了理赔效率。目前，人保财险盐池支公司一共有协赔员 22 名，有效弥补了农业保险专职人员过少的缺陷，将保险服务延伸到每一个角落。

中国人寿保险盐池支公司除柜面服务外，还成立了专门的服务团队，对扶贫保险中的人身保险工作进行深层次的增值服务。同时，还在县社保大厅设置了扶贫保险服务点，放置了扶贫保险服务指南等。

二、政府部门积极参与

从地方政府的层面看，地方政府根据上级保险扶贫政策的要求并充分征求保险公司及相关部门的意见，制订了扶贫保险方案。2016 年，宁夏回族自治区扶贫开发办公室印发了《关于开展精准扶贫"脱贫保"工作的通知》，明确要求各市、县（区）扶贫办要根据宁夏回族自治区通知精神制订细化的实施方案，要求各级扶贫部门、各保险公司分支机构要充分利用各种形式广泛开展宣传活动，通过现场宣讲、集体宣讲、入户宣讲等方式，有重点地宣传讲解精准扶贫"脱贫保"（即"扶贫保"）产品的相关要点，让建档立卡贫困户了解产品的主要内容和风险保障。盐池县扶贫办根据该通知要求拟定了扶贫保险实施方案，并且每年结合实际不断优化完善。明确扶贫保险的基本原则是坚持政府引导、市场化运行、"保本、微利"，充分发挥保险机制作用，实现全县农村居民扶贫保险全覆盖，做到脱贫路上零风险。同时，明确提出了每个保险品种的具体实施部门。例如，黄花种植保险（灾害保险）由人保财险盐池支公司承办，由盐池县农业农村局负责核定损失，财政局负责资金监管，各乡（镇）组织实施；马铃薯收益保险、玉米收益保险由人保财险盐池支公司承办，由盐池县发展和改革局牵头，农业农村局负责核定全县马铃薯平均产量，财政局负责资金监管，各乡（镇）组织实施。

在"扶贫保"中的种植业保险承保前期，地方政府积极发动乡（镇）、村两级机构与保险公司进行充分沟通，制定各建制村具体保费收取时间，保险公司工作人员进村入户进行保险政策宣讲；在养殖业保险承保前期，各乡（镇）防疫站对农户的已防疫羊只采取先验标后投保的方式，进行入户承保。在理赔过程中，地方政府协调保险公司专门开辟了理赔绿色通道，确立应赔尽赔制度，第一时间将受灾款打到农户卡里以帮助其发展生产。

此外，对于滩羊等对地方经济发展具有重要影响的特色农业产业品种，由盐池县发展和改革局牵头，农业农村局、扶贫办、滩羊养殖协会配合测定滩羊的价格指数变化。目前，盐池县政府每季度发布一次滩羊价格表，以便保险公司更好地为农户做好理赔服务。对于黄花菜、荞麦等对当地农户增收脱贫至关重要的农作物产业，为了保证产量保险的科学性，人保财险盐池支公司借助农技部门的力量，随机抽取盐池县内的单位田地，通过现代农业技术手段测定该田地的单位产量，并结合历年数据更精准地测定农产品的平均单位产量，以厘定费率、衡量赔付标准。

在2015—2019年的保险扶贫实践中，盐池县已经形成了一整套较为完备的综合保险服务机制，这一套机制从横向上贯穿政府部门与保险公司，从纵向上覆盖县、乡（镇）、村三级，形成结构稳定、覆盖面广的保险扶贫综合服务体系。在未来，盐池县将与县内主要保险公司进行更为深度的合作，让合作质量、合作水平再上一个新的台阶。

第三节　风险分散补偿机制

风险补偿基金是确保保险公司"保本微利"经营的基础，有助于避免保险公司在大灾年份出现巨亏，平抑保险公司的盈亏，提高保险公司参与保险扶贫业务的积极性，最终实现政府与保险公司的双赢。

一、建立风险补偿基金

风险补偿基金是在金融扶贫领域被广泛运用的一个方式，主要用在扶贫小额信贷、精准扶贫企业贷款等扶贫贷款类产品中。例如，在扶贫小额信贷的"3年期以下、5万元以内、免抵押免担保、基准利率放贷、财政贴息、县建风险补偿基金"六大政策要点中，就明确要求建立县级风险补偿基金，用于为贫困户增信，打消银行顾虑，推动扶贫小额信贷工作更快更好发展。在实际运作过程中，风险补偿基金也发挥了积极的作用，有效减少银行的坏账损失，发挥杠杆作用撬动金融资金，银行的积极性得到极大提高。

盐池在这方面也积极吸纳了扶贫小额信贷等扶贫类贷款产品的先进经验，进行了积极的探索。全国最早提出全省实行扶贫保险的省份是宁夏，在把商业保险同扶贫资金结合，以增加资金的扶贫效果并形成可复制、可推广的经验方面还没有先例，盐池县的探索也只能摸着石头过河。"保险＋扶贫"想要取得实效，保险公司在扶贫保险的推行过程中发挥着重要作用。以"保本、微利"为前提，保险公司尽可能为农户提供容易接受且较为实惠的产品以及相对平衡、合理的赔偿额度。但在实际中，参与扶贫保险的保险公司一直处于亏损状态。

"金融扶贫，保险先行。"由政府和保险公司联办共保的保险扶贫模式受到关注。地处西部贫困地区的盐池县因地制宜，为保证理赔及时性和提高合作保险公司投保积极性，于 2017 年建立了扶贫保险的风险分散补偿机制。盐池县政府统筹利用财政配套资金、捐赠资金等多种渠道，在现有商业再保险和大灾准备金管理制度安排的基础上，建立了 1 000 万元规模的风险补偿基金池。其目的是防止因为大灾等情况导致保险公司出现巨亏、"2＋X 扶贫保"模式难以为继。这展示了地方政府对保险公司开展政策性很强的商业性业务的支持。

二、保险利润的核算

保险利润核算的合理性和科学性是满足政府、保险公司、贫困户三方需求的基础。首先，地方政府有降低财政支出的需求，以便将有限的财政支出用于更多的扶贫类项目上；其次，保险公司作为商业性金融机构，要保证商业可持续，亏损不能过多；最后，贫困户本身缺少资金，如果保费过多，将占用更多的生产性资金。因此，要解决这些问题，就必须对保险利润进行核算，以便科学制定下一年度保费标准、合理使用风险补偿基金。

风险补偿基金需要核算保险公司的盈亏，即保险公司的利润情况。保险利润的核算由地方政府审计部门负责，主要通过一个保险周期内（一年）的投保及理赔情况来核算保险收入、赔款支出及直接运行成本。根据宁夏扶贫保险的有关文件，宁夏扶贫保险的盈余计算公式为：保险盈余＝保险收入－（赔款支出＋直接运行成本＋未决赔款准备金或大灾风险准备金）。

为了保证风险补偿基金启用的合理性，还需要结合直接运行成本核算的结果进行统筹规划。但风险补偿基金中核算的直接运行成本仅限于扶贫保险业务所产生的费用，不包括其他一般保险的直接运行成本。整个保险利润的核算由地方政府监察、财政部门配合，以确保其合理性和科学性。

此外，保险利润的核算也有助于科学合理地制定下一年度的保费标准，便于政府与保险公司之间进行协商定价。如果利润过高，可以降低保费标准，提高保险金额；利润过低，可以提高保费标准，降低保险金额。

三、风险补偿基金的启动与运用

设立风险补偿基金的目的是保证合作保险公司的投保积极性和理赔及时性，因此其启用与否取决于上述保险利润核算结果。在具体的操作层面，保险风险补偿基金能否及时启动和发挥作用，保险公司能否及时得到风险损失补偿，也会影响政府的公信力和未来的政府与保险公司合作。在这方面，盐池有一整套较为完善的制度。

在风险补偿基金运用的政府职能分工方面，财政、审计部门负责资金拨付、审计核算和预算安排，扶贫办负责兑付。

若在一个保险周期之中，当地保险公司的政策性保险产品保险利润核算为亏损，亏损的 60％由政府通过启用风险补偿基金承担，亏损的 40％由合作保险公司承担，实现风险共担；若在一个保险周期之中，当地保险公司的政策性保险产品利润核算为盈利，盈利的 60％返回风险补偿基金池，用以维护风险补偿基金的周转使用。

为了保证风险补偿基金的运用公平、公正，盐池县政府要求监察、财政、审计部门及扶贫办充分发挥各自职能作用，分工配合、强化监督、各负其责，共同做好"扶贫保"风险补偿基金管理工作。在 2016 年开办扶贫保险时，人保财险盐池支公司保费收入 702 万元，理赔 1 253 万元，亏损高达500 万元。在建立一整套风险保障机制后，到 2019 年时，保险公司已基本实现保本微利。

第四节　监督考核激励机制

监督考核激励机制是明晰各方职责、确保保险扶贫业务取得实效的重要内容，监督考核激励机制主要包括资金监管、责任清单落实和督查考核三个方面。

一、加强资金监管

盐池县政府对于财政扶贫资金的资金监管要求十分严格，要求各乡（镇）、各部门要严格按照《财政专项扶贫资金管理实施办法》和《财政扶贫资金报账制管理办法实施细则》等规章制度，强化扶贫信息"三级公开"工作，建立长效监管机制，堵塞制度漏洞，做好风险点的防控，切实做到专款专用、专账核算、及时兑付，杜绝扶贫资金挤占、挪用现象的发生。审计、财政等部门要加大专项审计力度和随机抽查频次，强化对重点领域、重点资金和重点环节的监管，确保用于扶贫保险等的扶贫资金安全运行、发挥效益。

同时，建立和完善项目精准安排、资金精准使用的管理体制机制。县委、县政府督查室会同监察、财政、审计等部门强化对重点领域、重点资金和重点环节的监管，切实保障各项目的顺利开展。另外，盐池县委、县政府要求县纪律检查委员会、监察委员会加强对扶贫救助资金兑现等重点领域的监督检查，以"零容忍"的态度严肃查处发生在群众身边的不正之风和腐败问题。此外，《盐池县2020年脱贫攻坚巩固提升方案》中明确提出建立健全日常监督制度，贫困村第一书记、驻村工作队、村"两委"要加强对扶贫资金和项目的管理监督，引导贫困人口主动参与监督，形成多元化资金监管机制。将扶贫资金使用的政策文件、管理制度、工作进度等信息通过政府门户网站和主要媒体向社会公开，广泛接受社会监督。健全社会监督、舆论监督平台，规范全面巩固提升脱贫成果的各项工作公示公开制度，并对全面巩固提升过程中发现的问题启动问责程序。

二、强化责任清单落实

指导乡（镇）开展脱贫攻坚工作，切实履行领导责任。盐池县扶贫办要履行监督、管理、指导、落实等职责，同时与保险公司密切合作，起草、制定有关保险扶贫办法，并积极协调县财政局安排扶贫专项资金对保费补贴的划分和拨付工作，负责建档立卡贫困户保费的兑付；县财政局主要负责对扶贫补贴资金的管理、监督以及协调保费的拨付工作；县农业农村局主要负责对扶贫保险实施方案中对应的农产品产量、价格进行测算、认定，负责非建档立卡贫困户财产保险的兑付，配合保险公司提高服务质量，强化宣传力度，提供专业技术服务；县发展和改革局负责对扶贫保险实施方案中确定的农产品项目产量、价格进行测算、认定；县卫生健康局负责非建档立卡贫困户2类人身保险保费的兑付；县人力资源和社会保障局负责基本医疗保险、大病保险、大病补充医疗保险的联网报销。同时，保险公司负责实施方案的具体落实工作，并会同有关部门、各乡（镇）做好沟通汇报工作，确保扶贫保险工作落实到位。各政府部门领导对所帮扶建制村的驻村第一书记、帮扶干部的帮扶工作负主要责任，要支持、监督、管理驻村第一书记、帮扶干部履行好帮扶责任；帮扶干部要切实履行帮扶责任，了解农村工作，学会做农村工作，帮助贫困户制订符合实际的生产生活计划，协调解决存在的困难，切实提高群众脱贫致富能力；各乡（镇）党委书记、乡（镇）长是脱贫攻坚工作的主要责任人，要紧盯脱贫攻坚任务清单，进一步梳理细化脱贫任务，建立工作台账，定时间、定任务、定措施、定人员、定责任，倒排工期，挂图作战，强力推进；包村乡（镇）领导是脱贫攻坚工作的直接责任人，要组织好驻村第一书记、村党支部书记、村民委员会主任、帮扶责任人开展脱贫攻坚工作；驻村第一书记、村党支部书记、村民委员会主任是脱贫攻坚工作的具体负责人，要根据建制村的实际，拓宽增收渠道，壮大村集体经济，要逐户建立脱贫工作台账，制定工作措施，督促贫困户具体落实，确保贫困户可持续、稳定脱贫。

三、强化监督考核

盐池县政府要求相关部门领导分片进行督查指导，加强对扶贫保险工作的检查和督导，及时发现和解决问题，切实将扶贫保险的各项政策落到实处。同时，对于违规操作、弄虚作假、虚报冒领等违规违纪行为，一经发现，严肃查处，并追究相关人员的责任。

盐池县委要求县纪律检查委员会加强对强农惠农政策落实、扶贫救助资金兑现等重点领域的监督检查，以"零容忍"的态度严肃查处发生在群众身边的不正之风和腐败问题，狠抓各类问题整改落实工作。各乡（镇）、各部门要扎实开展中央和宁夏回族自治区党委巡视、国家考核、审计检查等反馈问题整改"回头看"，对已经整改的，要进行认真细致的核查，确保整改质量；对正在整改的，要紧盯不放，持续发力，确保见底清零。

与此同时，健全社会监督、舆论监督平台，规范精准扶贫各项工作公示公开制度，打造"阳光精准扶贫"，对扶贫过程中存在的不作为、慢作为、乱作为等问题启动问责程序。县、乡（镇）及相关部门的领导要全面落实"一岗双责"，真正做到业务工作与党风廉政建设工作两手抓、两手都要硬。

第 七 章

盐池保险扶贫小数实践的理论创新

　　宁夏盐池小数实践一个突出的特点是聚焦"小品种、小市场、小群体",这个特点不满足传统农业保险要求承保大宗农产品的大数法则的基本前提条件,因此导致传统的保险理论适用性的不足。本章从大数法则的局限性出发,结合盐池保险扶贫实践中的政策、产品、服务和机制等方面创新,论述盐池小数实践的理论创新。

第一节　大数法则的局限性

　　保险公司是经营损失补偿的行业,损失的不确定性要求保险公司在定价时务必稳健。大数法则实际上是一个数学和统计学上的概念,在保险业的发展历程中,大数法则成为保险定价的基本原理,其含义是:随着保险标的数量的增加,实际发生的损失值将越来越接近估计损失值。保险公司根据大数法则可以比较精确地预测风险,合理厘定保险费率,实现保费与赔付支出的精算平衡。同时,为维持大数法则的定价模式,在实际运营中保险公司将尽可能扩大承保范围,实现保险标的的"大数"化,使得实际损失趋近估计损失,从而减少客观风险,提升经营的稳健性。客户在这个过程中,也能够将自身不愿意承担的个人风险转嫁到保险公司。保险公司收取保费,管理集体风险,承担个体风险造成的损失补偿。如果承担的风险过大而人群较少,保险公司可以通过再保险公司来分担风险。在传统的精算理论中,精算师通过掌握与某项风险相关的暴露数据,运用大数法则对数据进行建模与分析,寻找其中的规律并提出假设,对未来的风险进行判断,进而设计相应的保险产品。如今，精算师可以运用大数据分析软件对海量数据进行回归分析，精准地识别和确认个体对象的潜在风险。

但是无论是传统的还是现代化的精算方法，在贫困地区都难以实现有针对性的保险定价，因为这里的条件无法满足大样本、大品种和精准定价的要求。盐池小数实践在承保单位上是一种"相对小数"，并不完全满足大数的要求，与大数法则的基本原则存在一定的偏差。大数法则作为一种定价和承保的基本原理，在地方特色农产品保险领域适用性不足，反映了大数法则在政策性农业保险精细化发展方面具有局限性。

一、小品种保障不足

长期以来，保险公司基于大数法则进行定价。为了维持这一定价模式，保险公司需要尽可能使足够多的人购买该类保险，实现承保风险的"大数"，从而满足定价中的"大数"。在这一模式下，保险公司长期关注的重点是主要市场或大宗市场，因为这一市场无论是历史数据还是承保样本都比较丰富，能够满足保险公司定价和经营的大数要求。根据《中国农业保险保障研究报告 2019》统计，2018 年我国农业保险有 272 种保险产品，其中大宗农产品保险品种有 16 种，占 6%，但其保费收入占到了 2018 年农业保险总保费收入的 80%。由此可见，我国当前农业保险主要保障大宗农产品，非大宗产品的承保规模非常有限，例如我国肉牛保险在 2018 年的保险覆盖率仅为 1.19%。

地方特色农产品等小众市场的特点是：①标的千差万别。贫困地区大多位于老少边穷地区，大宗农产品资源稀少，但特色产业资源却相对更为丰富，仅宁夏盐池县的地方特色农产品就高达十几种，若考虑到全国贫困地区，这个数字将更多。如果只采用大数法则对贫困地区的大宗农产品进行保险定价，保险扶贫能够覆盖的产业品种和人群将相当有限，能够发挥的减贫作用也将相当有限。②标的数量相对较少。一方面，贫困地区的农业产品地域分布较小，有的甚至只分布在一个县里或几个县里；另一方面，贫困户的生产效率和生产水平较低，难以在短期内形成较大规模。这种地域和规模上的限制就决定了保险公司在大数法则下难以获得足够的样本来估计预期损失，即便近似定价后，在承保端也难以实现足够大数的承保单位，无法满足大数法则的要求。在地方特色农产品市场，我国还存在数据时间跨度短、数据量少、数据统计不真实等问题，导致保险公司厘定费率难度进一步加大。小样本市场风险成本的不清晰、不确定和无法准确估算，制约了保险公司尤其是中小保险公司的产品开发和运营，导致保险公司在小样本市场的保障严重不足。

二、精准定价不足

精准定价是保险业未来发展的一个重要趋势，是定制化、专业化保险服务的重要组成方面，传统的大数法则在这方面能够发挥的空间较小。大数定律将原本差异性的风险个体视为同质风险，是一种整体定价，缺少分类费率甚至个体风险费率差异，定价的精准性不足。在大数法则定价方法下，很多保险公司的保险产品全国或者一个省一个统一费率，不同风险的地区、不同保险的标的、不同风险的农户都使用一个费率。但是在实际运行的过程中，客户所在地区自然条件、技术水平、管理水平等方面都存在较大的差异，特别是在贫困地区这样的小农经济占主导的区域内，在同一自然环境下，由于管理和技术的差别，其所面临的风险水平也存在很大的区别，因此不同的客户群体之间理应享受不同的风险定价。如果都参考相同的风险定价，保险逆向选择和道德风险极易发生，也不能体现风险的等价原则。

在客户风险认知水平和保障需求逐步攀升和保险市场竞争日益分化的背景下，大数法则定价精准性不足的矛盾日益凸显。保险公司亟待细分样本风险状况，制定差异化、精准化的保险费率。现在的保险公司已经开始借助现代信息和大数据等数据，对投保人和保险标的状况进行及时跟踪，精准识别和确认风险的类型和大小，从而实现精准定价。但是，这对贫困地区而言依然是难以实现。一方面，当前贫困地区信息化水平较低，智能设备的普及还不足；另一方面，贫困户较少参与线上活动和央行征信，保险公司在获取贫困户和贫困地区的基础数据上存在困难。

地方特色农产品具有和大宗农产品不同的生产流程和市场特征，难以按照大宗农产品的费率简单定价。同时，由于地方特色农产品保险往往为扶贫保险产品，贫困地区地方财政和家庭保费负担能力更为有限，因此亟待在保费和保险金额方面做出适当倾斜，对精准定价提出了更高要求。

三、服务下沉不足

正是由于大数法则存在着对小品种保障不足和精准定价不足的问题，因此在对于县域小市场、农户小群体的服务上也存在着一定的缺失。

从需求方而言，受现实条件和思想意识的约束，贫困户对保险服务的现实需求不大，但是有着大量的潜在需求，这是由贫困户的经济条件和贫困户自身是最容易遭受到自然灾害、意外伤害和市场波动影响的弱势群体这一现实状况所决定的。现实需求少、潜在需求大的客观现象需要保险公司等供给方加大思想引导和服务力度，将潜在需求激发出来。

从供给方而言，对小市场、小群体的服务缺失有着较为深刻的理论原因。无论是伯努利大数法则、契比雪夫大数法则还是辛欣大数法则，均假设风险是同质的并且事件之间彼此独立，且有大量样本。在足够多的样本（大数）下，个体风险的不确定性得以通过整体损失的期望来表示。但是，对于小市场、小群体、保险市场发育不健全的地区来说，大样本的历史数据存在缺失，难以满足大数法则的要求，这也导致了保险公司在开展贫困地区保险业务时存在一定的困难。另外，贫困地区大多地广人稀，特别是在像盐池这样的地区，保险公司开展保险业务费时费力，保单规模还不大，获得盈利的难度很大，所以保险公司较少开展特色农业保险险种。从另一个角度来说，正是由于贫困地区小品种、小市场、小群体与经济发达地区、大型平原农业地区大品种、大市场、大群体的鲜明差异，倒逼保险公司将服务重心逐渐转移到城市地区或大型平原农业地区。近些年来，越来越多的保险公司围绕着一线城市和省会城市开展了激烈竞争，越来越多的资源被投入到城市特别是大城市的市场中，贫困地区的保险服务业发展越发出现供给不足。单纯依靠市场的手段，已经出现了市场失灵的状态。

综上而言，需求方需要供给方来激发潜在保险需求，但是由于大数法则的局限性存在，保险公司更青睐于贫困地区以外的城市地区和大型平原农业地区，导致贫困地区保险服务未能达到其应有效果。

第二节　小数实践对大数法则的改进

盐池保险扶贫的小数实践，是一种地方特色农产品保险，从属性上仍属于政策性农业保险。作为一种持续运营四年的实践创新，盐池保险扶贫具有可持续性、可复制性和可拓展性，其原因是从政策、服务和机制等方面改进了大数法则的局限性。小数实践的可持续发展，得益于完善的政治保障、良好的产业基础和明晰的风险保障体系。

一、特色化保单破解小品种保障不足的难题

盐池县的保险扶贫小数实践充分考虑了全县贫困户的共性和个性的问题，共性在于为普遍遭受人身意外伤害和大病风险的贫困户提供基础保险保障"全覆盖"；个性在于考虑到全县不同地区、不同产业贫困户的需求，量身定制专属特色农业保险产品。

具体来说，盐池"2+X扶贫保"系列产品，尤其是地方特色农业保险，为全县所有农户提供菜单式农业保险产品，充分考虑了每一个乡（镇）甚至每一户农户农业生产的差异。与其他地方特色农业保险产品多为"一县一品"不同，盐池小数实践采用菜单式"2+X扶贫保"产品，根据每一个乡（镇）的主要农业种植养殖情况设计特色农业保险产品保障，充分考虑了乡（镇）作为一个独立的经营单元的风险特征与保障需求。例如，盐池县所辖大水坑镇、冯记沟乡、王乐井乡、惠安堡镇、花马池镇、高沙窝镇、麻黄山乡、青山乡8个乡（镇），每一个乡（镇）的水土环境和自然气候均有所差异，导致形成不同的种植结构与养殖品种。盐池县没有通过单一特色农业保险产品引导各乡（镇）改变产品结构，而是根据每一个乡（镇）的种植、养殖情况设计相应的地方特色农业保险产品，通过农业保险产品扶持地方特色产业的发展。盐池县的"扶贫保"系列产品从每一个乡镇、每一个小样本的需求出发，改进了传统大数法则对小样本保障的不足，同时助推了乡（镇）特色产业的发展。

盐池结合本地生产特征打造的"扶贫保"系列产品不仅契合了各乡（镇）的生产结构，还在定价方面参照了中央财政补贴农产品保险的费率

（如玉米、马铃薯、能繁母猪的费率），充分考虑了大数法则测算下的保费区间，同时结合盐池当地的农业生产风险、市场因素和政府支付能力进行单独议价。例如，中央财政补贴的玉米农业保险在各地方费率多为 4.29%，而《中国人民财产保险股份有限公司宁夏分公司地方财政补贴型玉米综合收益保险精算报告》中提出，"根据政府文件相关内容，结合市场竞争因素和政府支付能力，保险费率设定为 4%。我公司将根据经营情况对产品进行定期跟踪，要求分公司与当地政府做好沟通，动态测算调整保险费率"。

差异化的地方特色农业保险产品政策，因地制宜的小数实践定价政策，以及相配套的"扶贫保"系列产品推广政策和精细化的保费补贴政策，有效克服了其他地区农产品特色保险政策支持体系不足的问题。尤为重要的是，盐池县将"扶贫保"系列产品纳入脱贫扶贫规划，从顶层设计上强化了地方特色农产品的政策支持，从而为小数实践奠定了坚实的基础。

二、动态协商定价破解精准定价不足的问题

对于小样本和小品种而言，其面临的自然灾害风险更为随机。如果单纯依靠大数法则进行均值定价，很可能上一年出现大幅盈利，而下一年出现大幅亏损，不利于保险公司的合理定价和长期稳定经营。因此，采取协商定价的方式，根据上一年度保险公司的赔付情况和盈亏情况来谈判调整新一年度的费率，实现保险公司在中长期的盈亏平衡，更符合贫困地区的实际，也降低了保险公司的定价难度。

盐池小数实践"2+X 扶贫保"系列产品包括马铃薯收益保险、荞麦产量保险、黄花种植保险、玉米收益保险、玉米种植保险、滩羊养殖保险（全称是基础母羊、种公羊养殖保险）、能繁母猪养殖保险、滩羊肉价格指数保险（2019 年后变更为滩羊收益保险）、马铃薯种植保险、苜蓿种植保险等保险产品。盐池县政府有关部门和保险公司共同为每一款产品协商拟定费率。同时，保险公司根据经营情况对产品进行定期跟踪，与盐池县政府有关部门做好沟通，动态测算调整保险费率，不断提升保费的精准性。例如，2017 年马铃薯收益保险的投保对象由水浇地马铃薯转变为旱地马铃薯，其保费与约定收益也同步进行了调整；玉米收益保险将约定收益从亩产 880 千克下调至亩产 550 千克；滩羊肉价格指数保险的保险金额由 720 元/只变为 792 元/

只，保费从 30 元/只上升到 39.6 元/只。盐池小数实践为每一种特色农业产品保险精准定价，同时建立保费动态调整机制，改进了传统大数法则均值定价和保费固定的局限性。

同时，在完善的政策保障体系、顺畅的服务管理体系和地方特色产业发展的基础上，盐池小数实践的精准、动态定价与承保数量的拓展、政策支持和风险兜底保障机制形成合力，突破了传统农业保险只保大宗产品的局限性，以及传统保险经营管理理论认为承保单位必须为大样本的局限性。

经过多年的动态协商定价后，基于历史数据的积累，综合考虑气象、疫情等因素，盐池县的保险品种定价已经越来越精准，使保险公司处于盈亏平衡点上下，有助于政府合理制定保费补贴预算，帮助农户以较为低廉的保费投入获取优质高效的保险服务。

因此，从这个角度上来说，保险扶贫小数实践的探索也在一定程度上弥补了大数法则的缺点和短板，实质上为推动大数法则应用于贫困地区的保险扶贫提供了一条新的思路。

三、三级保险服务体系破解服务下沉不足的问题

中国脱贫攻坚的最大优势就是政治优势和组织优势，各级政府各自抓好所负责区域的脱贫攻坚工作，层层签订脱贫攻坚责任书。在金融扶贫领域，组织优势表现得更为明显，在扶贫小额信贷中，地方政府就建立了各级金融服务体系，金融机构与政府部门相互协作，大大提高了金融服务的效率。在盐池县的保险扶贫中，也采取了县、乡、村三级保险服务体系的做法。

包括盐池县在内的广大贫困地区，地方特色优势农产品保险从覆盖人群和保障种类来看都是小众的。在我国其他地方的一些实践中，尽管政策引导群众参保，但地方特色农产品保险的覆盖人群仍然十分有限，群众参与的积极性不高。地方特色农产品保险本身作为一种小数实践，参与人数的不足进一步制约了其扶贫作用的发挥。

因此，要解决保险服务下沉的潜在问题，必须要政府和保险公司一道合作，不断拓展保险业务的深度和广度。盐池小数实践中，保险公司加强县级公司、乡（镇）网点和村协保员三级服务体系建设，一方面，从宣传推广、承保、理赔三方面全力推进保险服务的改进与创新；另一方面，在横向上广

泛借助农村科技、市场监督管理等部门的力量，在纵向上与县、乡（镇）地方政府和村民委员会合作，建立保险公司与"三农"服务相结合的立体化服务体系，提升群众对"扶贫保"系列产品的知晓度和保险意识，最大化便利群众的投保，同时尽可能做到应赔尽赔、能赔快赔。保险公司良好的服务体系提升了群众满意度，为群众积极参与地方特色农产品保险的小数实践奠定了群众基础。

此外，保险扶贫的小数实践作为金融扶贫的一部分，是盐池脱贫攻坚的重要组成部分。保险与银行信贷紧密合作，保险与产业发展充分融合，一方面，通过扶贫小额信贷等扶贫类贷款为贫困户发展提供必要的资金，政府帮助贫困户进行产业规划，合理使用资金，减少贫困户单打独斗的盲目性；另一方面，保险扶贫为贫困户的产业发展提供了充足的风险保障，保住了来之不易的发展成果，贫困户没有后顾之忧，更有动力去发展产业。正是在一体化的脱贫攻坚措施的支持下，保险扶贫与金融扶贫、产业发展实现了协调发展，进一步巩固了小数实践的群众认可度，实现了所有农户的愿保尽保。从盐池地区来看，"2＋X 扶贫保"系列产品基本上都是百分之百的参保率。在极高的群众参与率下，盐池小数实践有效克服了小样本数量不足的问题，提升了地方特色农业保险承保和赔付的稳定性。

第三节　小数实践的理论突破

盐池保险扶贫的小数实践，在产品、政策、服务和机制方面进行了系统设计。在完善的产品政策服务机制体系下，盐池小数实践从理论上创新了农业保险的定价规则，扩展了农业保险的可保风险边界，延伸了农业保险的服务链，拓展了农业保险的功能定位。

一、农业保险定价规则的创新

传统农业保险根据大数法则进行定价，保险费率厘定主要是根据损失发生概率的大小为依据，损失发生的概率越大，保险费率越高。这一定价方法对于大宗农产品是适用的，因为在大数法则下，保险公司承保大宗农产品的风险单位足够多，分布也足够广泛，因此估算出的损失发生概率偏差就较小。另外，传统的农业保险的定价大多处在保险公司厘定费率和地方政府确定招标价格两个层面上，其中存在内在矛盾，保险公司为了中标地方政府的农业保险项目，会不断降低定价，同时也会逆向助推保险公司在未来理赔过程中降低服务质量和理赔效率。

但是地方特色农产品尤其是贫困地区地方特色农产品保险往往不具备足够多的风险单位，地方特色农产品无论从种类还是数量上都不满足大数法则定价的前提假设。为了解决这一问题，盐池县政府有关部门和保险公司积极协商，在借鉴大宗农产品保险费率厘定方式的基础上，结合盐池地区地方特色产业的历史损失数据较少的情况，通过政府风险补偿基金调节机制的建立奠定政府与保险公司动态协商定价的基础，即：第一年制定一个能够被双方接受的保险费率，次年再通过理赔和成本核算情况，加上动态调整开展承保工作的过程，动态调整保险费率。同时，保险公司根据经营情况对产品进行定期跟踪，积极与当地政府做好沟通，动态测算调整保险产品的金额和费率。盐池小数实践在财政补贴和风险兜底机制的基础上，创立了地方特色农产品保险个性化、动态化的供需谈判议价机制。在"盈亏平衡"的原则下，既维护了保险公司正常的利益、确保了保险公司参与的积极性，又能够为盐池地区提供低保费、高保险金额的精准特惠保险产业政策。

例如，在滩羊收益保险的产品设计中，定价上的创新之处在于通过实时的个性化定价预测方式为保收益的特色险种提供理赔依据，这与传统的价格决定机制和理赔触发机制不同。销售价格通过盐池县政府网站及县电视台每周进行公开播报，价格波动因子反映了宏观经济状况对滩羊价格的影响，既可以为正，也可以为负。例如，季节波动对价格有影响，猪肉、牛肉价格变动对价格有影响，其他特色羊肉产区当年产量对价格有影响。

又如，荞麦产量保险在产品定价上充分做到了与传统大数据风险定价的不同。与玉米、小麦等大宗农作物相比，荞麦的产地、销售渠道、产品用途有自身独特的特点，在小数实践的模式下，根据风险程度进行个性化定制特色保险产品，借助内部模型和外部数据，实现"小而美""精而优"。

二、农业可保风险边界的扩展

当农民收益、农业经济处在不确定状态时，现代农业保险的出现为农业生产者分散了风险、降低了损失。农业保险不仅对农业的健康发展起到了重要作用，而且对国家发展具有深远的现实意义。国外的农业经济专家认为：农业保险是现代农业可持续发展的关键因素，在农业发展中农业保险是不可缺少的保障。农业保险是商品经济发展到一定阶段的产物。农业承受着来自经济风险、社会风险和自然风险的威胁，这对农业可持续发展有着严重的影响。多方面因素造成了我国农业风险机制的脆弱性，这种状况在客观上需要建立一种风险管理机制，既能转移分散风险又能分摊经济损失，由此诞生了现代农业保险。农业保险的不断发展对推动农业的可持续发展和保障农业再生产的顺利进行具有重要的理论意义和深远的现实意义。传统的农业保险在推动我国的农业发展、维护粮食安全方面做出了巨大贡献。

　　但是，我们同时也应该认识到，传统的农业保险的可保边界具有以下缺陷：①可保产品一般为大宗农产品，特别是享受中央财政补贴的农产品，较少关注地方特色农业产业发展，对于地方特色农业的保障存在缺失，无法满足贫困地区和贫困户个性化的保险需求；②保障对象主要为因自然灾害而发生的损失或农产品产量等，保障价格不受市场波动影响的保险种类较少，无法对市场价格波动进行及时的反应，贫困户在市场上面临的价格损失风险无法得到弥补，"谷贱伤农"的问题依然存在。

　　盐池通过对农业保险服务需求的精准对接，立足盐池地区乃至盐池每一个乡（镇）的资源优势和产业特色，开发因地制宜的特色优势农产品保险，开发"2＋X扶贫保"系列产品，将农业保险从大宗农产品拓展到地方特色农产品。从农业保险理论来看，盐池小数实践突破了传统大数法则下的可保风险边界，拓展了农业保险的保障品种和覆盖人群。

　　同时，盐池小数实践不断丰富保障内容，从保成本到保产量，并逐步升级到保价格和保收入，进一步丰富了农业保险的可保风险理论。贫困地区的产业发展不仅需要物化成本的保障，同时还需要价格乃至收入层面的保障。以特色农业保险为代表的盐池保险扶贫小数实践，在保障品种和保障层次方面都对传统农业保险保障边界进行了创新。需要说明的是，盐池小数实践不仅仅是保险产品的创新，在此期间盐池县政府有关部门广泛介入保险产品的开发与运营流程，是一种政府与保险公司"联办＋再保"的保险扶贫模式，这是政府扶持政策、保险原理和市场机制的有机结合，是保险扶贫理论的积极创新。盐池小数实践从政策、产品、服务、机制各个环节注重建设配套的制度机制，政府和市场深度合作，对贫困群众的内生动力、保险公司的创新活力进行保障和调动，用好、用足了各类脱贫攻坚支持措施，从而实现地方特色农产品保险愿保尽保。

三、农业保险服务链条的延伸

农业保险的服务链条是与农业产业的发展链条相互联系的。一方面，农业保险本身的保障范围会跟着产业链条进行延伸，从前期的养殖、种植到后期的销售、加工都会涵盖；另一方面，农业保险也对产业链条的延伸起到了积极的反作用，当农业保险的保障已经能够保障全产业链条的安全时，会激励更多的市场主体参与到农业生产的全链条中，提高附加值。

地方特色产业的生产经营风险是客观存在的。不同于大宗农产品，地方特色产业的农业保险市场往往是小众的、局部的、细分的甚至是个性化的市场。传统的大宗农产品保全产品不符合地方尤其是建档立卡贫困户的生产经营需要。面向这部分保障需求，盐池县有关部门在国家脱贫攻坚的大背景下，在前期中央财政补贴农业保险经营历史的沉淀下，积极探索小数实践，充分发动基层乡（镇）、村的力量，为地方特色农产品提供量身打造的农业保险产品与服务保障体系。同时，保险公司也在不断下沉工作重心，加强在乡（镇）和村一级的人员配置，为盐池县乃至盐池每一个乡（镇）的农户生产稳定提供了保险保障服务。

盐池县小数实践从保物化成本的种植保险、养殖保险起步，逐步拓展到保价格、保收益的新型农业保险。未来，在脱贫攻坚与乡村振兴深度融合发展的新时期，随着农业产业发展的需求，盐池县的保险扶贫小数实践的服务链条将进一步向农业产业的全流程进行延伸，将包括新型经营主体、非贫困户在内的几乎所有农业经营主体纳入其中。

此外，保险扶贫将保险与信贷资金进行结合，保险扶贫与扶贫小额信贷相互助力，也实现了与金融扶贫、产业扶贫的紧密衔接，共同助力农业生产闭环运作、融资增信和风险保障机制建设。

四、农业保险服务功能的拓展

2019 年，财政部等四部委印发的《关于加快农业保险高质量发展的指导意见》中指出，农业保险作为分散农业生产经营风险的重要手段，对推进现代农业发展、促进乡村产业振兴、改进农村社会治理、保障农民收益等具有重要作用。文件要求提高农业保险服务能力，鼓励各地因地制宜开展优势特色农产品保险，逐步提高特色农产品保险占农业保险的比重。同时，对地方优势特色农产品保险，中央财政实施以奖代补予以支持。

首先，盐池小数实践的探索，作为一种地方优势特色农产品保险，符合《关于加快农业保险高质量发展的指导意见》的指导精神和鼓励方向。盐池小数实践采用"2＋X 扶贫保"系列产品的方式，将农户的人身风险和农业生产风险纳入保险保障范围，成为盐池地区脱贫攻坚的重要工具。以政策性农业保险保成本为基础，发展保收入、保价格和保产量等新型特色农业保险产品，切实提高对贫困地区农业产业的保护。这一系列的机制创新，都使保险对扶贫产业的风险补偿功能得到充分发挥。在盐池县政府有关部门和保险公司的积极探索下，盐池小数实践实现了所有农户的愿保尽保。

其次，保险扶贫在开展理赔的同时，也帮助政府进一步进行社会治理。一方面，盐池小数实践在减少风险损失、避免致贫返贫的同时，也减少了政府扶贫的工作压力和任务，帮助贫困户解决了单纯依靠行政命令无法解决的市场交易风险损失；另一方面，盐池小数实践缓和了社会关系和干群关系，农民生活有了保障，更加有动力发展产业增收致富，基层治理更为顺畅，减少了因为经济行为而产生的突发事件，从而维护了社会稳定。这使盐池小数实践从一种综合保险产品升级为政府实施社会治理和乡村振兴的有效工具。

最后，保险公司参与农业生产的全流程，融入农民生活的方方面面。盐池小数实践既通过保险的风险共担机制，倡导了社会互助共济的理念，也通过保险业务的开展，使贫困户的保险意识得到了极大的提高，从而增强了农户参保投保的积极性，促进了农村金融市场向前发展。

第 八 章

盐池保险扶贫小数实践的推广建议

以保险扶贫小数实践为重要内容的盐池金融扶贫模式，入选中央政治局学习材料汇编，荣获全国脱贫攻坚组织创新奖，成为保险扶贫的典型案例，具有较高的推广价值。2021 年 2 月 25 日，习近平总书记在全国脱贫攻坚总结表彰大会上庄严宣告我国脱贫攻坚战取得了全面胜利，下一步要切实做好巩固拓展脱贫攻坚成果同乡村振兴有效衔接，全面推进乡村振兴和农业农村现代化。本章在深入分析盐池小数实践案例的基础上，将保险助力巩固拓展脱贫攻坚成果同乡村振兴有效衔接，从机制化、科学化、普及化等三个方面提出完善保险扶贫小数实践模式的推广建议。

第一节　推动小数实践机制化

常态化、成文化、规范化的机制建立是推广保险扶贫的前提条件。各地在开展保险扶贫实践时，可以充分借鉴盐池县的现有经验，不断完善保险扶贫小数实践政策体系，巩固多主体合作参与基础。具体而言，主要包含了以下内容：

一、完善保险扶贫小数实践政策体系

（一）全方位覆盖

2016 年，宁夏回族自治区扶贫办制订《宁夏精准扶贫"脱贫保"工作实施方案（试行）》，其中要求扶贫保险覆盖人群为建档立卡贫困户。2017 年，宁夏回族自治区人民政府出台了《关于深入推进"扶贫保"工作的通

知》，进一步明确扶贫保险政策的实施对象是以 2014 年自治区建档立卡时认定的贫困户和贫困人口为准，并将建档立卡动态调整和查漏补缺新增的贫困户和贫困人口也纳入此范围。同时，加大家庭意外伤害保险和大病补充医疗保险、借款人意外伤害保险、优势特色产业保险等产品的推进力度，扩大覆盖人群，提升保障力度。

2017 年，《盐池县 2017 年扶贫保险实施方案》秉持在风险可控的前提下，坚持政府引导、市场化运行、"保本、微利"的原则，充分发挥保险行业优势，实现全县农村居民扶贫保险全覆盖，将产业扶贫保险的投保对象由仅限建档立卡贫困户扩大到全县所有农户，但在保费补贴比例方面建档立卡贫困户与一般农户存在差异。自此，盐池地区保险扶贫由建档立卡贫困户推广到全体农户。

2018 年，《盐池县 2018 年脱贫富民实施方案》中强调"实施产业培育巩固提升工程，打造绿色富民产业链"，指出按照"普惠＋特惠"的原则，突出以滩羊为主，以黄花、小杂粮、中药材、牧草为辅的县级主导特色产业，加大对乡（镇）多种经营产业的资金支持力度，确保建档立卡贫困户依靠特色优势产业实现富民目标。在乡（镇）多种经营举措方面，每个乡（镇）支持发展3～5 个经营项目，对建档立卡贫困户采取以奖代补的形式进行支持，每户享受补助累计不超过 2 000 元；在产业扶贫保险方面，2018 年与 2017 年在扶贫保险覆盖范围上基本一致。

2019 年，盐池县在完成贫困县"摘帽"后仍继续执行产业扶贫政策。《盐池县 2019 年脱贫富民巩固提升实施方案》支持各乡（镇）发展适宜本地的多种经营项目，采取以奖代补的形式对全县所有农户进行扶持，将多种经营支持补贴范围扩大至所有农户。《盐池县 2019 年扶贫保险实施方案》中明确将"扶贫保"财产保险的投保对象规定为全县所有经营农户，不再区分建档立卡贫困户和一般农户，实行统一标准。

从盐池县的经验来看，从覆盖建档立卡贫困户到覆盖所有农户的关键在于实现贫困地区共同发展、做好脱贫攻坚同乡村振兴有效衔接。但是各地产业发展特点不同、历史人文不同、财政实力不同，需要在推广盐池保险扶贫模式的基础上因地制宜，做好以下工作：①要对地方特色产业进行梳理，对产业发展中遇到的风险进行分析研判，设计适合当地产业发展特点、费率适中的产业保险产品；②做好对贫困户的保险扶贫全覆盖，为贫困户遭受的意外伤害风险和产业发展风险进行兜底；③要对当地全体农户的基本状况进行调查，优先保障高于贫困线但是低于平均线的边缘户，防止边缘户在遭受风险时出现致贫返贫的可能；④在实现对贫困户和易返贫农户覆盖的基础上，在有条件的地方向全体农户进行覆盖，同时可以在费率和补贴上适当上浮，提高保险公司积极性，降低地方政府财政压力；⑤鼓励"先富带后富"，成立有标杆性和代表性的专业农业生产合作社，充分发挥土地流转的规模效应，在本地区建设具有示范标杆效果的特色产业合作组织，并对其提供低息助农贷款，从而促进产业发展、带动就业。

（二）差异化补贴

2016 年盐池"扶贫保"模式仅针对建档立卡贫困户群体实施，贫困户自筹部分全部由政府补贴，一般农户未能享受到产业补贴。2017 年，建档立卡贫困户自筹部分由扶贫专项资金全额承担，非建档立卡贫困户自筹部分由县财政补贴 60％。2018 年，全体农户一视同仁，不再区分贫困户和非贫困户，所有自筹部分由县财政补贴 40％，每户多种经营项目补助资金不超过 2 000 元。盐池县于 2018 年完成了脱贫任务，2019 年不再区分建档立卡贫困户和一般农户差异化补贴。盐池地区结合脱贫攻坚进展情况动态调整保费补贴政策，一方面既保证了建档立卡贫困户迅速脱贫和扶贫相关资金的有效利用，另一方面也保证了非贫困户能够共享扶贫开发所带来的成果。

从盐池县的现有经验来看，全国其他地区在开展保险扶贫小数实践的初期，应当推行差异化的补贴政策，帮助贫困户快速脱贫。在精准扶贫的初期，各种财政扶贫资金较为充足，可以划拨一部分用于对贫困户购买特色农业保险进行补贴，保证扶贫效果的实现。在做好差异化补贴方面，需要做好以下几项工作：①在对当地全体农户基本状况进行调查的基础上，对于略高于贫困线的边缘农户给予适当补贴倾斜政策，防止边缘户在遭受风险时出现致贫返贫的可能；②应当根据扶贫形势变化和扶贫目标的逐渐实现，动态调整扶贫保险产品和补贴政策，从而适应实际发展的需要；③在制定和开发农业保险产品的过程中要充分考虑到地域性、差异性，以县为单位开发保险产品，地方政府充分调研并和保险公司全面合作，设计出合理有效的特色产业保险补贴方案，最大限度地实现保险的风险保障功能，为农户降低生产经营风险。

（三）健全保险扶贫服务网络

在盐池县的保险扶贫发展道路中，我们可以发现地方政府的各级金融服务体系和保险公司县、乡、村三级服务网点在保险扶贫的发展中所起的重要作用。保险扶贫是一项政策性很强的商业性金融业务，如果单纯依靠保险公司自身开展业务，将在很大程度上丧失服务积极性。地方政府的各级金融服务体系不论在宣传推广、承保、理赔等各个环节都能够发挥积极作用，对于降低保险公司服务成本、提高保险扶贫服务效率有着重要的作用。

盐池县的先进经验对其他地区开展保险扶贫具有很强的指导作用，要从政策层面入手，健全地方政府的各级金融服务体系与保险公司的三级服务网络，发挥金融扶贫基础建设在开展保险扶贫中的关键作用：①要建设好地方政府的各级金融服务体系，在人员配置、资金保障、组织保障、机制建设上予以倾斜；②要利用好保险公司的县、乡、村三级服务网络，鼓励和支持各保险公司不断下沉服务重心，向贫困地区和村一级倾斜资源，建设绿色通道，做好理赔服务；③要推动各级政府的金融服务体系和保险公司的三级服务网络相互融合，推动政企合作和政企互动，为贫困地区和农户提供优质金融服务。

二、巩固多主体合作参与基础

（一）支持保险公司和地方政府合作

首先，鼓励保险公司和地方政府共同开发扶贫保险产品。基于小数实践对风险品质的要求，大部分产品的保险区域为一市乃至一县，而保险补贴的主体是县级财政，因此在产品开发的过程中应当鼓励地方政府的深度参与，在产品责任设计、费率厘定、保费缴纳方式等方面为保险公司提供人力、物力帮助，并在产业扶贫的过程中由农技部门和相关科研机构派出技术专家对农户在生产、养殖过程中遇到的难题进行技术指导，实现依托保险机制又不局限于保险机制的产业帮扶，从"授之以鱼"转为"授之以渔"。

其次，加大扶贫保险的宣传力度。虽然当前处于信息爆炸时代，但是贫困地区基层民众文化水平普遍不高，对金融扶贫、保险扶贫不够了解。基层民众最信赖的就是政府，这就要求在产业扶贫保险的推广过程中由各级政府部门以及各村民委员会加大宣传力度，保障保险扶贫的作用和好处真正被广大民众接受，而非强行摊派。

最后，探索政府和保险公司共同参与的灾害补偿机制。理赔责任如何在政府和保险公司之间进行分摊是产业扶贫保险的核心问题之一。建议参照盐池模式探索有触发条件的风险分散补偿机制，在一定限度内由保险公司和政府按比例分摊，当超过了顶端赔付率，可以启动巨灾风险保障基金。保险公司从每年经营的保费盈余中提取一定比例的资金存入巨灾风险保障基金池。

（二）支持保险公司和信贷机构合作

保险扶贫是盐池金融扶贫的重要组成部分，小额贷款保证保险亦对盐池"2＋X扶贫保"系列产品起到了积极作用。建议通过贷款保证保险为贷款农户增信，撬动杠杆，加快产业建设步伐。通过"贷款保证保险＋产业扶贫特色农业保险"的方式为缺乏抵押物的农户增信，帮助其获得助农低息贷款，从而更快地实现脱贫。同时，也可以借助保单质押的方式，帮助新型经营主体将保单质押至银行等信贷发放机构，撬动更多信贷资金参与产业扶贫。

建议成立"政府＋银行＋保险"的金融扶贫一揽子方案，由政府利用扶贫基金成立担保公司，为贫困户做抵押，一旦出现偿债风险，可由该基金兜底。贫困户一方面从银行等其他贷款机构获得贷款用于生产经营性建设，另一方面购买产业扶贫保险，防止因自然灾害、意外事故和经济波动而致贫返贫。

（三）支持保险公司和新型农业经营主体合作

土地流转给新型农业经营主体的发展奠定了基础。建议保险公司和新型农业经营主体合作，为农业生产合作组织提供多维度的风险保障，在产业扶贫保险的基础上为新型农业经营主体的农房、设备、人员进行综合保险方案设计。

建议保险公司针对一定规模以上的农业经营主体提供保费优惠政策，对符合承保条件的农业经营主体，在原有保费水平的基础上进行费率优惠，将农户自付部分的保费根据前一年的理赔数据进行不同程度的优惠，对风险较低、运行较好的农业经营主体在下一年投保时给予保费折扣。

第二节　推动小数实践科学化

保险扶贫小数实践聚焦于小品种、小市场、小群体，需要在有限的样本数据中合理测算风险、进行精准定价，实际上对于定价模型和新技术的引入提出了更高的要求。各地在开展保险扶贫小数实践时，应当更加注重将现代先进技术、先进定价方式与中国农村特点和贫困地区的现实情况进行有机结合，推动小数实践科学化。

一、建立精准小数保险定价模型

盐池小数实践在建立和健全过程中不断加强保险数据库的建设，丰富依托地域样本的风险损失数据库。产业扶贫保险属于财产保险，费率厘定侧重对农产品损失次数、额度的研究，其费率设计应当以非寿险精算作为理论依据，只有科学地运用非寿险精算原理，才能进行风险的合理配置。传统意义上的非寿险精算在进行费率厘定与风险管理中要遵循大数法则和收支平衡原理。而小数实践面对的是"小品种、小市场、小群体"问题，费率厘定和定价的基础发生了一些变化，所依托的历史数据和未来预期将不再是行业数据和综合数据，而是该地区的自有数据。在这一背景下，盐池和全国其他地区都应不断更新、丰富和拓展产业风险损失数据库。在现有个性化、动态供需谈判定价的基础上，建议盐池和全国其他地区完善产业扶贫保险费率测算模型。如图 8－1 所示，产业扶贫保险费率厘定的关键因素是确定产量和价格。只有求出预期价格，才能计算出保险金额和保险价格，为费率厘定做好铺垫。只有设定好预期价格，才能根据生产养殖成本计算出保险费率。

而盐池小数实践初步建立了"成本＋价格"的定价体系。例如，滩羊收益保险将传统农业保险的保险责任从保自然灾害造成的损失、保疾病造成的损失向保收益延伸，进一步增强滩羊养殖户抗风险能力，以"成本＋价格"保障对区域支柱产业形成强有力的风险支撑。由于产业扶贫保险的周期为一年，在预测预期销售价格的过程中使用的计算公式为

预期价格＝过去 12 个月加权平均销售价格×（1＋价格波动因子）

式中：过去 12 个月加权平均销售价格以保单签订日为计算起点。

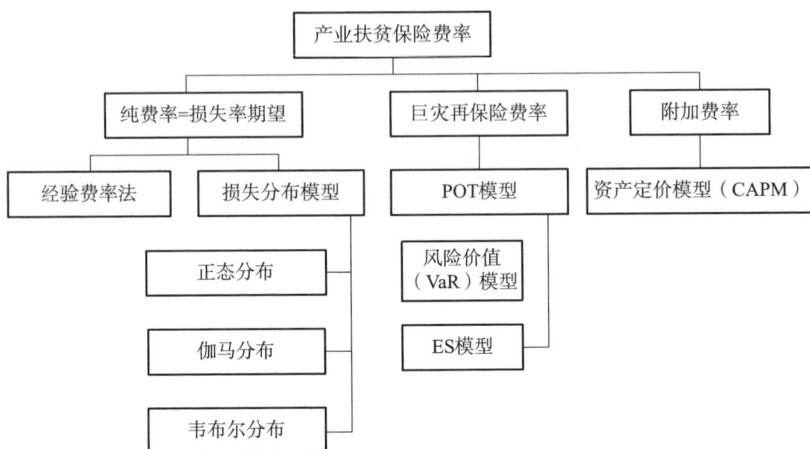

图 8-1 产业扶贫保险费率测算模型

今后，盐池县和我国其他地区应进一步完善小数实践的定价模型，要高度重视产品价格和产量方面的数据收集和储备，同时要根据各地的产业发展特点、气候特点等因素完善模型，并根据年度变化进行适当调整。此外，还要根据模型的建设和年度赔付情况及时对费率进行调整。

二、运用新技术介入保险全流程

（一）运用无人机、卫星遥感技术，提升服务效率

建议在承保和查勘定损的过程中，利用科技赋能，由查勘人员携带具有多光谱传感器的无人机进行现场查勘定损，从而提高定损准确度。该种方式已经在旱灾保险中得到有效运用和推广。而风灾会造成倒伏等更复杂的情形，随着 AI 图像识别功能的发展，其技术难关也将被攻克。通过物联网、人工智能技术和大数据的有效结合，保险公司可获得前瞻性的风险预测能力，对现场的服务人员和设备布局进行优化，降低保险经营成本，有利于帮助客户提高防灾减损能力、降低风险损失，进一步完善农业保险产品设计和定价的框架，推动农业保险现代化。

（二）通过智能 App 实现自助理赔

自助服务不仅可以提高农业保险服务的覆盖能力，还能降低农业保险服务成本，满足我国农业保险发展的需求。试点利用保险科技进行自助理赔、

自助投保，建议未来在解决病死牲畜无害化处理等环节加快自助理赔覆盖面的扩大。

（三）借助保险科技建立农业保险综合服务平台

通过建立农业保险综合服务平台，实现承保数据和理赔数据的实时更新和联网，打破不同公司、不同产品、不同地域间的限制，真正做到农业保险信息充分共享，建立全国性的农业保险信息数据库。采用浏览地图的方式，可以观察到各个地块的报案及理赔情况和所有保单信息。建立农业保险综合服务平台有利于减少各种套取补贴的行为，也有利于对总体农业风险进行分析。

第三节　推动小数实践普及化

宁夏盐池县已经实现了将保险扶贫从贫困户扩展到普通农户、从源头种植到后期销售、从个人保障到合作社保障的一系列发展，实际上也为各地推动保险扶贫服务于更大范围群体、实现整体社会共同发展提供了一个有效范本。具体而言，要推动小数实践普及化就是要做好以下几个方面的工作：

一、介入农业生产全产业链保障

（一）依托新型农业经营主体打造智慧农业产业链

新型农业全产业链发展是我国农业由传统向现代转型、保障粮食安全、实现农业健康发展的关键，也是实施乡村振兴战略的重要支撑。根据 2017 年的中央 1 号文件《中共中央 国务院关于深入推进农业供给侧结构性改革加快培育农业农村发展新动能的若干意见》，智慧农业产业链的打造包括大力发展乡村休闲旅游产业、推进农村电商发展、加快发展现代食品产业、培育宜居宜业特色村镇，广泛对接电商平台，打造"电商平台＋第一书记站台直播＋产品改良"的产销模式，打通农业生产销售环节，完善农业生产产业链，创造新型产销模式。

建议依托新型农业经营主体打造智慧农业产业链。智慧农业产业链的实现过程需要集约化、规模化、流程化的农业生产经营，在该过程中新型农业经营主体是实现的主体。首先，结合遥感、地理信息系统、物联网、互联网等技术为政府部门提供农业大数据解决方案，从生产端、流通端服务区域新型农业经营主体，实现了全产业链管理与监管服务；其次，建立从农田到餐桌的质量追溯体系，通过区块链技术追踪农产品生产全过程，建立对农产品的信任度；最后，利用产销平台，传统平台和电商平台双管齐下，实现订单农业。

（二）增加营业中断损失保险、企财险、产品责任险、食品安全责任保险

建议充分发挥小数实践的优势，围绕特色产品全面开发保险品种。例如，针对自然灾害导致的营业中断损失和利润损失，设计开发农业生产合作社的企业财产保险和营业中断损失保险；对于包括荞麦、滩羊肉在内的农产品进行集中生产销售管理，设计开发食品安全责任保险。

建议围绕农业生产的全产业链，针对从农田到餐桌的每一个环节进行综合保险方案设计，以"农业生产经营一切险"的形式向家庭农场、农业生产合作社进行销售，全方位降低综合农业风险。

二、发动基层组织推动整村承保

在产业扶贫保险开办初期，通过各村信息员和协保员进行承保宣传和引导。通过协保员向不了解保险的农民进行产品介绍，同时完成后续保险服务。

在产业扶贫保险开办1～3年后，探索整村统保方案，减少承保的时间成本和人力成本，提高承保工作开展的效率。整村统保模式下，在保单到期日前10～20天，由保险公司派专门工作人员携带投保工具和文件驻村，在村干部和村级金融综合服务室协助下完成整村的承保工作。

在有条件的地区试点移动承保、自助承保。随着移动互联网应用深度和广度的增加，建议在部分地区试点自助承保，通过保险公司设计的H5电子化保险凭证界面填写投保信息，直接在村级金融综合服务室办理投保、打印保单，提升承保效率和农民满意度，降低保险公司的承保成本。

三、引入市场机制促进良性竞争

保险扶贫小数实践作为一种政策性保险，需要保险公司的积极参与，更需要保险公司的长期投入。在各地方保险扶贫小数实践的招投标过程中，建议更深入地引入市场联动机制促进保险公司长期投入。各地方在招投标过程中，应防止"唯最低价者中标"的问题，而应从价格、服务、网点等方面综合考评各招投标方案。同时，对长期参与小数实践的保险公司在打分时给予更多的权重,将保险公司历史赔付数据纳入评标体系,从而将前期市场的投入和赔付情况纳入未来市场参与的联动机制。总的来看,政策性农业保险尤其是地方特色农业保险是一个小市场,需要保险公司精耕细作,主管部门应建立有限市场参与机制,鼓励有资质、重责任的保险公司参与良性竞争。

四、综合运用多渠道宣传方式

(一)组合宣传,增加农户对一揽子保险方案的认同度

产业扶贫保险方案是一揽子保险方案,既包括人身保险,也包括财产保险。将经营人身保险和财产保险的公司进行打包组合宣传,通过发放宣传彩页等方式向农户进行定点宣传。组合宣传既有利于提升民众对保险的认同度,又能使民众对家庭生产生活所需要的保险以及"扶贫保"系列产品的保障作用有更充分的认识和理解。

(二)媒体宣传,利用自媒体提升宣传效果

为了实现多渠道立体化宣传的目标,建议依托县级平台开设抖音、快手账号,宣扬保险理赔事迹,跟踪投保、承保过程,和农户产生共情。建议开设官方自媒体平台,在微信、微博上实时跟进产业扶贫保险的经营过程,增强宣传的效果。在宣传过程中,应充分挖掘用户特点,采用群众喜闻乐见的方式,接地气地将保险的效果进行轰炸式、沉浸式介绍。

(三)驻点宣传,充分发挥村级金融综合服务室的作用

目前全国有些省份还没有做到村级金融综合服务室的全覆盖,建议参照盐池模式,广泛建设村级金融综合服务室,依托这个平台对村民进行驻点宣传。设立"脱贫富民培训宣讲团",在脱贫富民培训中大力宣传保险的保障作用,鼓励农户尽快脱贫。

(四)干部宣传,通过对扶贫干部的保险知识培训,带动普通群众提升保险意识

由银保监会组织各保险公司提供相应的师资和培训项目等,对欠发达地区的基层干部进行风险管理、农业技术和现代保险知识培训,使其具备利用保险保障当地经济发展的意识和能力。各级干部应发挥领头作用,帮助欠发达地区的群众充分了解精准扶贫保险服务政策,增加保险意识,提高其运用保险工具分散风险的能力。

参 考 文 献

陈彦宾，张凯，许宁，等，2021. 农业农村部科技发展中心"十三五"国家重点研发计划实施成效综述 [J]. 农业科技管理，40（2）：4-9.

董洪帅，刘妍，2020. "后脱贫时代"保险助力精准防贫：典型案例与模式优化 [J]. 现代金融（11）：6-11.

冯文雅，2016. 《中国的减贫行动与人权进步》白皮书（全文）[EB/OL]. （2016 - 10 - 17）. http：//www. xinhuanet. com/politics/2016 - 10/17/c _ 1119730413. htm.

韩昊辰，2018. 中共中央国务院关于打赢脱贫攻坚战三年行动的指导意见 [EB/OL]. （2018 - 08 - 19）. http：//www. gov. cn/zhengce/2018 - 08/19/content _ 5314959. htm.

何小伟，王克，余洋，2017. 农业保险精准补贴研究 [J]. 价格理论与实践（7）：125-129.

黄林波，张家明，朱志堂，2020. 牵住扶贫保险产品质量牛鼻子 精准服务脱贫攻坚 [J]. 中国保险（11）：32-36.

焦清平，2020. 聚焦精准抓实抓细 脱贫攻坚落地落实 [J]. 中国农村金融（20）：27-29.

康书生，冯艳博，2021. 后脱贫时期京津冀金融反贫长效机制构建 [J]. 北方金融（6）：13-20.

雷丽娜，2015. 中共中央 国务院关于打赢脱贫攻坚战的决定 [EB/OL]. （2015 - 12 - 07）. http：//www. gov. cn/zhengce/2015 - 12/07/content _ 5020963. htm.

李翀，2018. 安徽省农业保险与精准扶贫相结合模式的探讨 [J]. 山西农经（19）：36-37.

李华林，2018. 产业险为贫困户"人羊地钱"兜底 [EB/OL]. （2015 - 12 - 07）. http：//www. ce. cn/xwzx/gnsz/gdxw/201801/29/t20180129 _ 27941173. shtml.

李媛媛，2017. 我国农业保险立法模式重构困境及其突破路径 [J]. 法商研究，34（2）：45-54.

李忠峰，王都，2018. 老区脱贫富民的"金钥匙"：宁夏盐池金融扶贫工作纪实 [EB/OL]. （2018 - 10 - 18）. https：//h5. newaircloud. com/newsepaper/detail/10257 _ 66643 _ 961358 _ 9750301 _ zgcjb. html.

利通区人民政府办公室，2018. 吴忠市利通区人民政府办公室关于印发进一步开展"百姓保"保险实施方案的通知 [EB/OL]. （2018 - 11 - 19）. http：//www. ltq. gov. cn/zwgk/zfxxgkml/zfwj/ltqzfwj/202205/t20220517 _ 3503167. html.

连迅，2017. 人大代表行动：聚焦湖北脱贫攻坚中的"人大力量"[EB/OL]. (2017 - 10 - 14). http：//m. xinhuanet. com/hb/2017 - 10/14/c _ 1121801791. htm.

刘小红，2020. 精准扶贫视阈下农业保险国家干预的偏失与矫正 [J]. 西南金融 (12)：67-76.

刘杨，2016. 中国保监会 国务院扶贫开发领导小组办公室 关于做好保险业助推脱贫攻坚工作的意见 [EB/OL]. (2016 - 06 - 02). http：//www. gov. cn/xinwen/2016 - 06/02/content _ 5079099. htm.

刘永刚，季秀杰，张铭朔，2017. 依托精准扶贫建立涉农信贷与涉农保险互动机制的对策 [J]. 商业经济 (5)：12-13, 30.

罗伯特，2016. 为贫困群众制定"脱贫保"[EB/OL]. (2016 - 06 - 08). http：//finance. china. com. cn/roll/20160608/3758617. shtml.

罗承舜，2018. 我国农村保险扶贫的困境及对策 [J]. 当代农村财经 (9)：61-64.

骆希，王蔷，刘德，等，2021. 社会力量参与精准扶贫创新实践：阳光保险集团的扶贫案例 [J]. 当代县域经济 (2)：85-88.

马光远，2017. 宁夏盐池"滩羊银行"成为金融扶贫的重大创新 [EB/OL]. (2017 - 10 - 31). https：//www. sohu. com/a/201466876 _ 123753.

马慧，杜晓明，2018. "扶贫保"撑起脱贫保护伞 [EB/OL]. (2018 - 01 - 05). http：//www. wuzhong. gov. cn/sy/wzxx/xqxx/201801/t20180105 _ 660915. html.

马学礼，2018. 金融扶贫闯出"盐池模式"：保险扶贫不让脱贫户重返贫困 [EB/OL]. (2018 - 11 - 30). http：//acftu. workercn. cn/34/201811/30/181130071639287 _ 2. shtml.

马振涛，2018. 保险扶贫：内在机理、工具构成及价值属性 [J]. 西南金融 (10)：24-29.

宁夏回族自治区扶贫开发办公室，2018. 宁夏回族自治区脱贫攻坚政策解读 [EB/OL]. [2018 - 07 - 24]. https：//www. doc88. com/p-7197814515220. html.

任笑元，2019. 中央财政出台奖补政策，内蒙古、山东等 10 省份试点地方优势特色农产品保险奖补 [EB/OL]. (2019 - 07 - 05). https：//www. sohu. com/a/325045422 _ 255783.

石践，2018. 保险扶贫攻坚创新 [J]. 中国金融 (17)：84-85.

万灵娟，2016. 我国农业保险法律制度研究 [J]. 市场研究 (3)：15-16.

王国军，2018. 新型农业经营主体农业保险的需求与供给 [J]. 中国保险 (2)：18-23.

王洪波，2017. 不同新型农业经营主体的农业保险需求研究 [J]. 农村金融研究 (2)：65-70.

王慧青，刘成浩，2014. 我国农业保险中的政府行为分析 [J]. 企业家天地 (下半月刊) (5)：40-41.

王新生，2018. 打造保险"扶贫样本"全力助推扶贫攻坚 [J]. 国家治理 (1)：35-37.

王悦，杨骁，谈娟，2019. 四川省农业保险的现状与问题研究：以成都市为例 [J]. 西部经济管理论坛，30 (4)：15-24.

谢耄宜，2018. 精准扶贫视角下我国农业保险扶贫困境与创新路径研究［J］. 乡村科技
（17）：27-28.

谢明明，李琴英，鲁一鸣，2020. 扶贫补充医疗保险缓解贫困脆弱性的效果研究：基于河南
焦作托底救助数据［J］. 金融理论与实践（12）：1-8.

徐明庆，张蓉，徐铭，等，2019. 精准扶贫视角下政策性农业保险投保困境与影响因素分析
［J］. 乡村科技（21）：8-11.

徐清子，2018. 关于扶贫大事，保险可以"保"什么［EB/OL］.（2018－04－22）. http：//
m. ce. cn/yw/gd/201804/22/t20180422＿28908576. shtml.

徐婷婷，陈先洁，2021. 农村普惠保险减贫的机制及空间效应研究［J］. 保险研究（1）：
3-21.

徐泽锋，2021. 普惠金融与金融精准扶贫的区别与联系辨析［J］. 经济研究导刊（12）：
40-43.

杨立旺，2018. 农业保险支持精准脱贫［J］. 中国金融（17）：82-83.

佚名，2020. 发挥保险扶贫优势 决战决胜脱贫攻坚［J］. 中国农村金融（19）：22-24.

佚名，2020. 社保扶贫攻坚战大事记［J］. 中国社会保障（10）：14-15.

张家华，于忠龙，2018. 我国金融扶贫法治保障的问题及对策［J］. 金融与经济（8）：
50-54.

张开云，邓永超，魏璇，2021. 党建扶贫质量：内涵机理、评估及其提升路径：基于可持续
生计框架的分析［J］. 宏观质量研究，9（3）：12-23.

张骞，2021. 脱贫攻坚与乡村振兴有机衔接的兰考实践［J］. 乡村振兴（4）：57-59.

张少杰，2015. 关于打赢脱贫攻坚战的决定全文发布 2020 年实现 10 个目标［EB/OL］.
（2015－12－07）. https：//www. guancha. cn/society/2015＿12＿07＿343854＿s. shtml.

张伟，黄颖，何小伟，等，2020. 贫困地区农户因灾致贫与政策性农业保险精准扶贫［J］.
农业经济问题（12）：28-40.

赵婧姝，赵君彦，李文，2021. 县域视角下河北省农业保险扶贫效率评价：基于三阶段
DEA 效率模型［J］. 农村金融研究（2）：28-36.

赵容容，2019. 农业保险扶贫及其法律制度研究［J］. 时代金融（35）：112-114.

郑军，汤震宇，2020. 农业保险与信贷联动的扶贫效应研究［J］. 南华大学学报（社会科学
版），21（6）：88-96.

周县华，2013. 农业保险首先是保险［J］. 中国金融（5）：21-23.

周志敏，薛凤蕊，赵慧峰，2021. 特色农业保险助力畜牧产业扶贫的作用机理及对策建议：
以阜平县成本价格保险为例［J］. 北方金融（4）：13-17.

邹东山，2018. 深度贫困地区保险扶贫实践［J］. 中国金融（17）：80-81.

附　　录

附录1　关于开展精准扶贫"脱贫保"工作的通知

各市、县（区）扶贫办、中国人寿保险、人保财险、平安产险宁夏各分支机构：

为全面落实中共中央、国务院《关于打赢脱贫攻坚战的决定》和自治区《关于力争提前两年实现"两个确保"脱贫目标的意见》的工作部署，探索和创新保险扶贫的有效方式，发挥商业保险在助力脱贫攻坚方面的重要作用，自治区扶贫办制订了《宁夏精准扶贫"脱贫保"工作实施方案（试行)》，现予以印发，请结合各自实际，遵照执行。为确保"脱贫保"工作顺利推进，现就有关事项通知如下：

一、制订实施方案

各市、县（区）扶贫办要根据《宁夏精准扶贫"脱贫保"工作实施方案（试行)》，结合工作实际，制定切实可行的实施方案和配套工作措施，做到内容具体、政策明确、措施配套、可操作性强。

二、积极加强合作

各市、县（区）扶贫办、保险公司及相关金融机构要依照自身职能，加强组织推动和沟通交流，根据"脱贫保"产品的自身特点，分工协作，落实政策，及时研究解决试点工作中出现的困难和问题，确保工作顺利开展并取得实效，进展情况及时报自治区扶贫办。

三、加大宣传力度

各合作保险机构要制作宣传材料，配发各基层单位。各级扶贫部门、各保险公司分支机构要充分利用各种形式广泛开展宣传活动，通过入户宣讲、现场宣讲和集体宣讲等方式，有重点地宣传讲解精准扶贫"脱贫保"产品的相关要点，以便建档立卡贫困户充分了解该产品的风险保障和主要内容。

宁夏精准扶贫"脱贫保"工作实施方案（试行）

为认真贯彻党的十八届五中全会和中央扶贫开发工作会议精神，全面落实中共中央、国务院《关于打赢脱贫攻坚战的决定》（中发〔2015〕34 号）和自治区《关于力争提前两年实现"两个确保"脱贫目标的意见》（宁党发〔2016〕9 号）的工作部署，扎实推进我区精准扶贫、精准脱贫，探索和创新保险扶贫的有效方式，发挥商业保险在助力脱贫攻坚方面的积极作用，确保保险扶贫工作取得切实的成效，特制订本工作方案。

一、总体要求

（一）指导思想。

认真贯彻落实党的十八大和十八届三中、四中、五中全会精神，深入学习贯彻习近平总书记系列重要讲话精神，全面落实中央扶贫开发工作会议、自治区党委十一届七次全会和自治区脱贫攻坚誓师大会精神，找准保险服务扶贫开发的突破口和着力点，通过创新保险机制、丰富保险产品，为建档立卡贫困户量身打造精准扶贫"脱贫保"产品，增强贫困人口抵御风险能力，为我区提前两年实现"两个确保"的目标、与全国同步全面建成小康社会提供保险服务保障。

（二）目标任务。

聚集保险业的力量和优势资源，以 2015 年建档立卡确定的 58 万贫困人口为对象，充分发挥保险的经济补偿和风险保障功能，拓宽保障范围、提高保险额度，构筑贫困地区产业发展风险屏障，进一步增强贫困人口的抗风险能力，有效助推扶贫开发工作，巩固脱贫攻坚成果。从 2016 年开始，对全区建档立卡贫困户实行大病补充医疗保险和小额人身意外伤害保险全覆盖，实现产业保险对贫困地区优势特色产业的重点保障，着力解决因意外事故、因病、因灾致贫返贫问题。

（三）基本原则。

政府引导、市场运作。以市场化为导向，以政策扶持为支撑，引导保险资源向贫困地区贫困户倾斜。发挥保险机构专业管理优势，按照市场规则拓宽服务领域、扩大覆盖面，为全区建档立卡贫困人口提供优质便捷的保险服务。

突出重点、精准帮扶。"脱贫保"产品专门针对建档立卡贫困人口量身打造，通过制订一揽子保险计划，为其提供"一站式菜单化"服务，有效解决建档立卡贫困人口因大病风险、意外风险、产业风险致贫返贫问题。

保费补贴、严格监管。坚持政府、个人合理分担，做到权利义务相适应，激发贫困群众发展动力。坚持贫困户自愿投保，扶贫资金保费补贴，既要兜住因病、因灾返贫的底线，又要防止过度保险。加强监管力度，严格规范管理，及时兑现理赔，为建档立卡贫困户构筑牢固的安全"防火墙"。

(四)实施范围。

全区 15 万户建档立卡贫困户，58 万建档立卡贫困人口。

二、主要内容

(一)"脱贫保"家庭意外伤害保险。

1. 保险对象：建档立卡贫困户家庭成员。

2. 保险期限：一年。

3. 保险责任：建档立卡贫困户家庭成员因意外伤害导致的身故、伤残(含烧烫伤)、意外伤害住院医疗，对每个家庭成员保险公司按照人均保险金额进行赔付。

4. 投保方案：

保障内容	保险金额	保费
意外伤害身故、意外伤害伤残	90 000 元/户	100 元/户
意外伤害医疗	9 000 元/户	100 元/户

5. 推荐合作单位：中国人寿保险宁夏分公司。

(二)"脱贫保"大病补充医疗保险。

1. 保险对象：58 万建档立卡贫困人口。

2. 保险期限：一年。

3. 保险责任：参保人员因住院发生的医疗费用在城乡居民基本医疗保险、大病保险等报销后不为零的个人自付费用，在扣除大病补充医疗不合规费用和免赔额后的金额按照一定比例给予再次赔付。累计最高赔付限额 8 万元。

4. 投保方案：

保障内容	保险金额	保费
大病补充医疗	80 000 元	45 元/人

5. 推荐合作单位： 中国人寿保险宁夏分公司。

（三）"脱贫保"借款人意外伤害保险。

1. 保险对象： 发起借款的建档立卡贫困户。

2. 保险期限： 一年。

3. 保险责任： 承担主借款人在日常生活工作中发生意外伤害身故、伤残保障责任。

4. 保险金额： 主借款人实际借款金额。

5. 投保方案：

保障内容	保险金额	保险费率
主借款人意外伤害身故、伤残	借款金额	1.8‰

6. 推荐合作单位： 中国人寿保险宁夏分公司。

（四）"脱贫保"优势特色产业保险。

1. 保险对象： 发展特色种植、养殖的建档立卡贫困农。

2. 保险期限： 一年。

3. 保险责任： 对建档立卡贫困户投保的优势特色产业因产量降低或者价格下跌导致销售收入未达到保险合同约定的预期收益，或者对"5·30"养殖计划的牛羊因自然灾害、疾病、意外事故造成死亡的，在各项责任对应的保险金额内进行赔偿。

4. 投保方案：

保障内容	保险金额	保费
基础母牛养殖	7 000 元/头	245 元/头
基础母羊养殖	500 元/只	30 元/只

种植保险方面，玉米、马铃薯等大宗农产品保险继续按照农业保险相关政策执行，不纳入"脱贫保"范围。优势特色产业由各县（区）结合自身实际与合作保险公司共同推出相应产品服务。

5. 推荐合作单位：中国人保财险宁夏分公司。

三、支持政策

（一）财政扶贫资金支持。

以上四种"脱贫保"产品，均采取政府补助和贫困户个人自筹相结合形式购买，原则上政府补助承担保费金额的80％，贫困户个人承担保费金额的20％。补助资金可从自治区切块下达到县的"双到""以奖代补"或其他扶贫资金中列支。各市、县（区）也可根据自身情况确定分担比例。

（二）推荐合作单位。

建档立卡贫困人口大部分生活在南部山区及农村偏远地区，为保证贫困人口获得便捷、高效的保险服务，经对机构设置、服务人员配置、经营特点等方面综合评估，先期推荐中国人寿保险、人保财险、平安产险三家保险机构进行合作。各县（区）在保险费率不高于本方案相关规定的前提下，也可以选择在当地有保险分支机构的其他保险公司进行合作。本方案确定的保费、保险金额、服务范围属于原则性规定，将根据实施情况及合作保险机构年度考核评估情况进行适当调整。

（三）鼓励开发适合需求的保险产品。

各参与保险公司应按照本方案中规定的保险责任和保险费率设计相应的保险产品，并按照相关监管要求履行审批或备案程序。同时，鼓励各参与保险公司结合贫困人实际需求和本公司经营特点，开发保险责任更广、保险费率更低的保险产品。

（四）优化理赔程序。

扩大接报案和理赔申请主体，接受报案的主体可以延伸为农村网点，对于"脱贫保"家庭意外伤害保险、大病补充医疗保险，可以由投保人或特定团体的法定代表人统一申请理赔。

四、保障措施

（一）加强组织领导。

各级扶贫部门和相关保险机构要充分认识开展精准扶贫"脱贫保"的重要意义，采取切实有效的措施推进工作。要把推进精准扶贫"脱贫保"工作列入年度工作计划，要组成专门工作队伍，加大推进力度，确保此项工作落到实处。

（二）明确责任分工。

自治区扶贫办、宁夏保监局做好顶层设计，抓好牵头，做好总协调。2016 年先试行一年，由各承办保险公司年底核算各项"脱贫保"产品收益，按照保本微利原则进行考核评估。若保费较高，下一年可适度降低保费；若保费较低，下一年可适度提高保费。宁夏保监局负责加强监督检查，严肃查处"脱贫保"项目运行中存在的违法违规、损害保险消费者合法权益等问题。各级扶贫部门要认真履行责任，主动加强与合作保险公司各分支机构的沟通协调。相关金融机构要积极配合保险机构开展"脱贫保"工作，确保各项任务落实。各保险机构要加强交流协同，防止恶意竞争，共同营造良好的市场环境和行业形象，共同参与当地扶贫开发工作，共同宣传保险功用，携手提升行业整体影响力和社会美誉度。

（三）广泛宣传发动。

各保险机构要制作宣传材料，配发各基层单位。各级扶贫部门、各保险分支机构要充分利用各种形式广泛开展宣传活动，通过现场宣讲、集体宣讲、入户宣讲等方式，有重点地宣传讲解精准扶贫"脱贫保"产品的相关要点，让建档立卡贫困户了解产品的主要内容和风险保障。

（四）凝聚工作合力。

建立自治区扶贫办牵头，宁夏保监局、合作机构参与的联席会制度，定期或不定期召开会议，研究部署相关工作计划，总结交流情况，完善相关政策，协调解决有关问题。

本方案自印发之日起执行。原自治区扶贫办、中国人寿保险宁夏分公司、平安产险宁夏分公司下发的《关于全区贫困村互助社为社员购买意外伤害综合保险的通知》（宁扶贫办发〔2013〕51 号）继续有效，仍按照原有政策执行。

附录 2　盐池县 2019 年扶贫保险实施方案

为提高全县农业人口风险保障水平，帮助贫困人口摆脱因病、因灾、因市场价格波动等致贫返贫的恶性循环，按照《盐池县深入贯彻落实自治区第十二次党代会脱贫富民战略实施方案》（盐党办发〔2017〕114 号）要求，在全县范围内开展农村居民扶贫保险工作（简称"扶贫保"），结合我县实际，制订本方案。

一、指导思想

以习近平总书记扶贫开发战略思想为指导，全面落实《盐池县深入贯彻落实自治区第十二次党代会脱贫富民战略实施方案》（盐党办发〔2017〕114 号），防止贫困人口因病、因灾、因重大事故返贫，以保障贫困人口稳定增收，提升其抵御重大疾病和农业自然灾害的能力，深入推进保险服务扶贫开发工作，紧密围绕贫困村、贫困人员、重点扶贫产业，拓展保险保障水平，促进保险精准对接扶贫开发，为扶贫开发工作取得积极成效提供有力保障。

二、基本原则

在风险可控的前提下，从实际出发，整合各类资金，坚持政府引导、市场化运行、"保本、微利"的原则，充分发挥保险行业优势，实现全县农村居民"扶贫保"全覆盖，做到脱贫路上零风险，为我县如期实现脱贫富民目标保驾护航。

三、财产保险

（一）黄花种植保险（灾害保险）

1. 投保对象：全县种植黄花的农户。

2. 保额及保费标准：保险金额 1 000 元/亩，保险费率 6%，保费 60 元/亩。

3. 保费承担：自治区财政补贴 50%（30 元），县财政补贴 30%（18

元），群众自筹 20%（12 元）。

4. 保险责任：在保险期间内，由于自然灾害及晾晒期间连续阴雨等给贫困人员种植的黄花菜造成损失时，保险公司负责赔偿。

5. 承保计划：20 000 亩。

具体由人保财险盐池支公司承办。农业农村局负责核定损失，财政局负责资金监管，各乡（镇）组织实施。

（二）马铃薯收益保险

1. 投保对象：全县种植旱地马铃薯的农户。

2. 保额及保费标准：马铃薯旱地保险金额为 700 元/亩，保险费率 4%，保费 28 元/亩。

3. 保险责任：因产量降低或价格下跌导致旱地马铃薯的销售收入没有达到保险合同约定的预期收益时，保险机构按照保险合同约定负责赔偿。保险金额根据旱地马铃薯约定合同价格和约定合同产量确定。

4. 约定收益：旱耕地亩产为 1 000 千克，每千克 0.7 元。

5. 保费来源：县财政补贴 50%（14 元），群众自筹 50%（14 元）。

6. 承保计划：2 万亩。

具体由人保财险盐池支公司承办。发展和改革局牵头，农业农村局负责核定全县马铃薯平均产量，财政局负责资金监管，各乡（镇）组织实施。

（三）玉米收益保险

1. 投保对象：全县种植玉米的农户。

2. 保额及保费标准：库井灌区玉米种植保险金额为 880 元/亩，保险费率 4%，保费 35.2 元/亩。

3. 保险责任：因产量降低或价格下跌导致保险库井灌区玉米的销售收入没有达到保险合同约定的预期收益时，保险机构按照保险合同约定负责赔偿。保险金额根据库井灌区玉米合同约定价格和合同约定产量确定。

4. 约定收益：库井灌区玉米亩产为 550 千克，每千克 1.6 元。

5. 保费来源：县财政补贴 50%（17.6 元），群众自筹 50%（17.6 元）。

6. 承保计划：2 万亩。

（四）玉米种植保险

1. 投保对象：全县种植玉米的农户。

2. 保额及保费标准：扬黄灌区玉米种植保险金额为 300 元/亩，保险费率 6%，保费 18 元/亩。

3. 保险责任：在保险期内，由于自然灾害或病虫害直接造成保险玉米的损失，且自然灾害损失率达到 20%（含）以上，病虫害损失率达到 50% 以上，保险公司按照保险合同的约定负责赔偿。

4. 保费来源：中央财政补贴 40%（7.2 元），区级财政补贴 40%（7.2 元）；县财政补贴 10%（1.8 元），群众自筹 10%（1.8 元）。

5. 承保计划：10 万亩。

具体由人保财险盐池支公司承办。发展和改革局牵头，农业农村局负责核定受灾玉米损失，财政局负责资金监管，各乡（镇）组织实施。

（五）荞麦产量保险

1. 投保对象：全县种植荞麦的农户。

2. 保额及保费标准：荞麦产量保险金额为 256 元/亩，保险费率 5%，保费 12.8 元/亩。

3. 保险责任：在保险期间内，荞麦产量低于合同约定产量和价格时，保险公司负责赔偿。

4. 约定产量：亩产为 128 斤①，每斤 2 元。

5. 保费来源：县财政补贴 50%（6.4 元），群众自筹 50%（6.4 元）。

6. 承保计划：30 万亩。

具体由人保财险盐池支公司承办。发展和改革局牵头，农业农村局负责以建制村为单位核定产量和价格（涉及冰雹、霜冻和洪水等特殊情况的，以自然村为单位定产量和价格），财政局负责资金监管，各乡（镇）组织实施。

7. 承保期限：种植业承保工作需在农户播种出苗后 45 日内完成。

（六）基础母羊、种公羊养殖保险

1. 投保对象：全县饲养基础母羊和种公羊的农户。

2. 费率标准：基础母羊、种公羊保险金额 600 元/只。保险费率为 6%，保费 36 元/只。

3. 保费承担：自治区财政每只补贴 15 元，县财政每只补贴 15 元，群

---

① 斤为非法定计量单位，1 斤＝500 克。——编者注

众自筹每只 6 元。

4. 保险责任：对畜龄在 1.5 周岁至 5 周岁的基础母羊和种公羊，因条款中规定的自然灾害、意外事故、疾病造成牲畜死亡，保险公司负责赔偿。

5. 承保计划：65 万只。

具体由人保财险盐池支公司承办。农业农村局负责死亡羊只病种鉴定及监督死亡羊只的无害化处理，财政局负责资金监管，各乡（镇）组织实施。

（七）滩羊收益保险

1. 投保对象：全县饲养滩羊的农户。

2. 保额及保费标准：滩羊肉（肉羊）保险金额为 945 元/只，保险费率 4.23%，保费 40 元/只，约定价格 27 元/斤，胴体重量 35 斤/只。

3. 保险责任：当保险期内滩羊因自然灾害、疾病死亡或滩羊肉平均销售价格低于保险合同约定价格时，保险机构按照保险合同约定负责赔偿。

4. 保费来源：县财政补贴 60%（24 元），群众自筹 40%（16 元）。

5. 承保计划：40 万只。

6. 承包期限：6 个月。

7. 风险处理：滩羊肉价格保险责任实行封顶时赔付，最高赔付限额为收取保费的 200%。

具体由人保财险盐池支公司承办。发展和改革局牵头，农业农村局、农调队、宁夏盐池滩羊产业发展集团有限公司、盐池县滩羊产业发展协会配合提供季度县域羊肉价格表，财政局负责资金监管，各乡（镇）组织实施。

（八）能繁母猪养殖保险

1. 投保对象：全县饲养畜龄在 8 个月至 48 个月的能繁母猪的农户。

2. 费率标准：能繁母猪 1 000 元/头。保险费率为 6%，保费为 60 元/头。

3. 保费承担：中央财政补贴 50%（30 元），自治区财政补贴 30%（18 元），群众自筹 20%（12 元）。

4. 保险责任：因条款中规定的自然灾害、意外事故、疾病造成牲畜死亡，保险公司负责赔偿。

5. 承保计划：5 000 头。

具体由人保财险盐池支公司承办。农业农村局负责死亡标的病种鉴定及监督死亡标的无害化处理，财政局负责资金监管，各乡（镇）组织实施。

四、人身保险

（一）金融信贷险

1. 投保范围：年龄 16 至 65 周岁人员。

2. 产品名称：借款人意外伤害保险。

3. 保额及保费标准：建档立卡贫困户贷款 10 万元（含 10 万元）以下保险费率为 1.8‰，意外死亡赔款按贷款金额赔付，意外伤残按《人身保险伤残评定标准（行业标准）》（以下简称《标准》）执行。

4. 保险责任：承担主借款人在日常工作生活中发生意外伤害身故、伤残保障责任及疾病导致的身亡、全残责任。

5. 承保规则：在各家代理银行系统出单或 POS 出单。

6. 保费来源：由贷款客户自行承担。

7. 牵头单位：扶贫办。各家银行组织实施，中国人寿保险盐池支公司承办。

（二）村级互助社成员保险

1. 投保范围：年龄 16 至 70 周岁人员。

2. 产品名称：村级互助社成员借款人意外伤害保险。

3. 保额及保费标准：所有村级互助社社员主借款人借款金额执行 1.8‰的费率，主借款人家庭其他成员按照主借款人借款金额执行优惠费率为每人保险费率 0.5‰。

4. 保险责任：主借款人承担意外死亡、疾病死亡、高度残疾；连带家庭成员承担意外死亡和意外伤残，连带配偶、子女不承担疾病死亡保险责任。

5. 承保规则：采用清单汇交形式承保，由各村互助社统一缴费。

6. 保费来源：各村互助资金占用费公益金支付。

7. 牵头单位：扶贫办、互助资金管理中心协助，各乡（镇）配合，各互助社组织实施，中国人寿保险盐池支公司承办。

（三）家庭综合意外伤害保险

1. 投保范围：全县所有农户。

2. 产品名称：国寿农村小额意外伤害保险（2013版），国寿附加小额意外伤害费用补偿保险，国寿农村小额定期寿险（A型）。

3. 保额及保费标准：以人为单位，每人每年保费25元/份。每人意外伤害身亡、伤残保险金额35 000元/份；每人意外伤害医疗保险金额5 000元/份，按照80%赔付。

4. 保险责任：意外死亡、伤残（含烧烫伤）、意外医疗。

5. 承保规则：意外伤害采用清单汇交形式承保，保险公司按人进行赔付。建档立卡贫困户投保人以县扶贫办提供为准。

6. 保费来源：由群众自筹20%，扶贫专项资金和县财政资金分别支付80%。

7. 牵头单位：扶贫办、卫生健康局牵头，各乡（镇）配合，中国人寿保险盐池支公司承办。

（四）大病补充医疗保险（保障型）

1. 投保范围：全县所有农户。

2. 产品名称：大病补充医疗保险。

3. 保额及保费标准：保费收取标准为90元/人，大病补充医疗保险不设起付线，不实行分级累进计算法，不分疾病种类，大病补充医疗保险最高报销额度20万元。

4. 保险责任：参保一般患病群众的医保目录内医疗费用，在城乡居民基本医疗保险报销后，医疗费用在5 000元至大病保险起付线之间的，按50%报销；在大病保险起付线之上的，大病保险报销后的剩余费用由大病补充医疗保险按比例报销，即医保目录内的个人自付医疗费用，由大病补充医疗保险报销80%，个人负担20%。医保目录外的个人自费医疗费用（对属县级以上综合医院认定的、该疾病治疗所必需的、无法替代的药品和医疗器材费用），由大病补充医疗保险报销补偿70%，个人负担30%，保险年度内最高报销额度20 000元。

参保建档立卡贫困患者的医保目录内医疗费用，在城乡居民基本医疗保险报销后，医疗费用在3 000元以上的，大病保险报销后的剩余费用由大病补充医疗保险报销，即医保目录内的个人自付医疗费用，由大病补充医疗保险报销 80%，个人负担 20%。医保目录外的个人自费医疗费用（对属县级以上综合医院认定的、该疾病治疗所必需的、无法替代的药品和医疗器材费用），由大病补充医疗保险报销补偿 70%，个人负担 30%，保险年度内最高报销额度 20 000 元。

5. 承保规则：大病补充医疗保险费用由群众自筹，每人交纳 90 元。该业务只承保参保人员因住院发生的医疗费用，不承担任何特定门诊和普通门诊。

6. 保费来源：由群众自筹 20%，扶贫专项资金和县财政资金分别支付 80%。

7. 牵头单位：扶贫办、卫生健康局牵头，中国人寿保险盐池支公司承办。

以上各类险种均以保险公司实施细则执行，若自治区扶贫保险政策有调整，则按照自治区政策调整后执行。

五、风险补偿

为了提高"扶贫保"标准，兜住贫困群众因病、因灾返贫底线，确保贫困户脱贫路上不掉队，也同时保证理赔及时性和提高合作保险公司投保积极性，特建立"扶贫保"风险补偿机制。

1. 风险补偿金：县政府风险补偿基金 1 000 万元。

2. 保险利润核算：由审计局负责一个保险周期（一年）投保及理赔情况核算保险收入、赔款支出及直接运行成本（仅限于扶贫保业务的费用）。一个保险周期中如若出现亏损，亏损的 60% 由政府启用保险风险补偿基金承担，亏损的 40% 由合作保险公司承担，实现风险共担；一个保险周期中如若出现盈利，盈利的 60% 返回风险补偿资金池，以便周转使用。

3. 风险补偿基金启用：由审计、财政部门负责保险风险补偿基金的审计核算、预算安排和资金拨付。由扶贫办负责"扶贫保"风险补偿金的兑付。财政、审计部门及扶贫办要充分发挥各自职能作用，分工配合、强化监督、各负其责，共同做好"扶贫保"补偿基金管理工作。

六、执行标准

2019 年盐池县脱贫攻坚"扶贫保"政策适用于全县所有农户。非建档立卡贫困户按照建档立卡贫困户标准实施。对建档立卡贫困户和一般农户的 2 类人身保险（大病补充医疗保险和家庭综合意外伤害保险），群众自筹 20%，政府补贴 80%；对 X 类扶贫保险中的产业保险，群众自筹部分由政府补贴 40%。逐步转变群众的保险意识，实现扶贫保险由财政补贴向农民自愿转变，形成完善的人身和产业保险体系，不断提升"扶贫保"的投保率。

七、资金支付方式

1. 人保财险盐池支公司只收取农户产业保险自己承担的 60% 资金，剩余 40% 差额补贴资金由人保财险盐池支公司根据承保清单与对口职能部门对接支付。建档立卡贫困户由扶贫办用扶贫资金支付，一般农户由农业农村局用县财政资金支付。

2. 大病补充医疗保险和家庭综合意外伤害保险的保费由群众自筹向中国人寿保险盐池支公司缴纳，再由扶贫办、卫生健康局分别通过一卡通向农户按照 80% 比例进行补助。建档立卡贫困户由扶贫办用扶贫资金支付，一般农户由卫生健康局用县财政资金支付。

八、资金筹措

2019 年盐池县"扶贫保"需筹措资金 4 682.4 万元，其中：行业部门资金 1 204 万元，扶贫专项资金 1 476.4 万元，县财政资金 2 002 万元（包括 2017 年"扶贫保"风险补偿金 400 万元）。

九、保障措施

（一）统一思想，加强领导

开展扶贫保险工作，是创新扶贫方式、加快脱贫攻坚进程的一项重要举措，各有关部门、各乡（镇）及有关单位要将金融脱贫攻坚保险纳入工作议程，切实加强领导、细化方案、精心组织、抓好落实。

（二）明确职责，密切配合

各有关部门、各乡（镇）及有关单位要明确分工，各司其职，协同推进，促进保险更好地为脱贫攻坚战略服务，助力我县打赢脱贫攻坚战，不让一个贫困村、一个贫困人员掉队。

扶贫办要与保险机构密切协作，起草、制定相关办法，并积极协调财政局安排扶贫专项资金对保费补贴的划分和拨付工作，负责建档立卡贫困户保险费的兑付；财政局主要负责对扶贫补贴资金的管理、监督以及协调保费的拨付工作；农业农村局主要负责对"扶贫保"方案中对应的农产品产量、价格进行测算、认定，负责非建档立卡贫困户财产保险的兑付，配合保险机构提高服务质量、强化宣传力度，提供专业技术服务；发展和改革局负责对"扶贫保"方案中确定的农产品项目产量、价格进行测算、认定；卫生健康局负责非建档立卡贫困户2类人身保险的兑付；人力资源和社会保障局负责基本医疗保险、大病保险、大病补充医疗保险的联网一站式报销，减少报销环节；保险机构主要负责实施方案的具体落实工作，并会同有关部门、各乡（镇）及时做好沟通汇报工作，确保"扶贫保"工作落实到位。

（三）政策鼓励、协同推进

为促进保险服务扶贫开发工作顺利开展，将是否参加"扶贫保"作为享受各类财政和信贷政策扶持的重要条件，对开展"扶贫保"工作成效突出的乡（镇），在贫困人员贷款、财政扶持等方面给予优惠。一是鼓励企业自建基地或与农户紧密对接的生产基地实行统一投保，鼓励各类农业专业合作组织为其成员统一投保，鼓励特色农产品生产基地跨乡跨村联户投保。二是把"扶贫保"与扶贫产业政策、补贴政策、金融政策、信贷政策与担保政策有机结合起来，有利于提高农户的参保积极性，增强农业抗风险能力。三是扶贫相关产业化政策要与保险政策有机结合，需要重点推动的产业化项目应当参加"扶贫保"。四是担保公司、银行在开展各项扶贫工作中，要与保险公司紧密配合，保险公司的积极跟进将会降低办理信贷业务过程中的风险。

（四）加强宣传，积极引导

各乡（镇）、各有关部门要充分利用广播、电视、报纸等新闻媒体，采取多种形式，加大各类保险工作的宣传和动员力度；保险机构要根据保险服务扶贫产品的特点，制作通俗易懂的宣传材料，广泛宣传脱贫攻坚保险的政策措施、保险条款、保险模式、业务流程、重要意义等内容。同时，在各乡（镇）、村安排保险信息员，加大"扶贫保"推行力度，确保"扶贫保"发挥应有的社会作用。

（五）强化督查、确保落实

各级政府、有关部门及单位要切实负起责任，加强对"扶贫保"工作的检查和督导，及时发现和解决问题，切实将"扶贫保"的各项政策落到实处。督促各乡（镇）及人保财险盐池支公司加快工作进度，尽早完成验标承保工作。政府督查室将定期、不定期进行督查，对工作措施不力、工作进度慢的乡（镇）在全县范围内通报。同时，对违规操作、弄虚作假、虚报冒领等违规违纪行为，一经发现，严肃查处，并追究相关人员责任。

附录3　人保财险盐池支公司农业保险承保理赔工作方案

为适应新时代农业保险发展的新形势和新要求，进一步规范业务流程与操作标准，严格按照监管部门和上级公司相关要求，指导业务人员做好农业保险承保理赔工作，提高农业保险业务质量，有效控制经营管理风险，促进公司农业保险业务不断地健康发展，特制订本方案。

一、承保方案

（一）方案制订

深入贯彻落实宁夏回族自治区政策性农业保险工作精神，加大强农惠农政策落实力度，积极帮助广大农户规避和化解各类自然灾害风险，逐步建立促进农业稳定健康发展的长效机制。

1. 指导思想。以习近平新时代中国特色社会主义思想为指导，认真贯彻落实党的十九大精神和2017年中央1号文件精神，着力解决"三农"问题，实施乡村振兴战略，助力脱贫攻坚。以保护受灾农民合法利益为目的，以保费补贴政策为引导，以农民自愿为前提，以降低农民损失为目标，深入开展农业政策性保险工作，逐步建立规范有序、覆盖面广的农业保险长效机制，保障农民因灾受损及时得到经济补偿。

2. 保险品种。根据全县种植业和养殖业分布区域、规模、生长特点以及自然风险状况，确定本年度政策性农业保险品种。

（1）种植业保险。

①小麦、制种小麦、玉米、制种玉米、马铃薯、油料作物（胡麻、油葵、油菜籽）。

②枸杞、酿酒葡萄、日光温室（包括墙体、薄膜、棚架及棚内作物等）、大拱棚（单体占地面积600平方米以上，包括薄膜、棚架及棚内作物等）、露地蔬菜（含黄花菜）。

③小杂粮产量、马铃薯收入、玉米收入、黄花菜价格指数。

（2）养殖业保险。

①成年奶牛（畜龄≥1年）、后备奶牛（畜龄≥2个月）、能繁母猪（畜龄≥1年）、育肥猪（畜龄≥2个月）。

②肉牛基础母牛（畜龄≥1年）、肉羊（基础母羊、种公羊）（畜龄≥6个月）。

③肉羊收益保险。

3. 保险范围。全县 8 个乡（镇）的所有种植户（农户、合作社、家庭农场），所有养殖户（个人、企业、养殖场等），均可作为被保险人。

4. 承保方式及费率标准。

（1）种植业保险。

①承保方式。分散种植户按照每户实际种植作物面积或温棚亩数投保，以乡村为单位统一签单；种植大户、合作社、企业以个人或法人单位投保。

②保险金额。种植业保险金额按照保险标的生长期内所发生的直接物化成本（包括种子、树体、化肥、农药、灌溉、机耕、地膜及设施成本）确定。

A. 小麦 500 元/亩，制种小麦 900 元/亩，玉米 500 元/亩，制种玉米 700 元/亩，马铃薯 600 元/亩，油料作物（胡麻、油葵、油菜籽）600 元/亩。

B. 枸杞 2 000 元/亩，酿酒葡萄 1 500 元/亩，日光温室 10 000 元/亩，大拱棚 3 000 元/亩，露地蔬菜（含黄花菜）1 000 元/亩。

C. 马铃薯收益 700 元/亩，玉米收益 880 元/亩，小杂粮（荞麦）产量南部山区（大水坑、麻黄山、惠安堡）256 元/亩、北部地区（冯记沟、花马池、青山、王乐井、高沙窝）232 元/亩，黄花菜价格指数保险 5 000 元/亩。

③保险费率。小麦、制种小麦、玉米、制种玉米、马铃薯、油料作物（胡麻、油葵、油菜籽）、枸杞、酿酒葡萄、设施农业（日光温室、大拱棚）、露地蔬菜（含黄花菜等）等种植保险费率 6%，马铃薯收益、玉米收益保险费率 4%，小杂粮（荞麦）产量保险费率 5%，黄花菜价格指数保险费率 6%。

④保费承担。

A. 小麦、制种小麦、玉米、制种玉米、马铃薯、油料作物（胡麻、油葵、油菜籽），中央财政、自治区财政、县财政分别承担 40％、30％、10％，投保人自缴 20％。

B. 枸杞、酿酒葡萄、日光温室、大拱棚、露地蔬菜（含黄花菜等），自治区财政补贴 50％，县财政补贴 30％，投保人自缴 20％。

C. 小杂粮（荞麦）产量、马铃薯收入、玉米收入，县财政补贴 70％，投保人自筹 30％。

D. 黄花菜价格指数，县财政补贴 80％，投保人自缴 20％。

⑤保险期限。露地作物从种植至产品成熟收获止；设施农业自签订保险单起一年止；林果业自签订保险单起一年止。

⑥投保时间。种植作物在出苗或移栽结束之前完成。

⑦保险责任。主要承担投保农作物因意外事故和人力无法抗拒的自然灾害所造成的损失。此外，因价格或产量降低，没有达到保险合同约定的价格或产量时，保险公司负责赔偿。

A. 自然灾害。暴雨、洪水（政府决定的行蓄洪除外）、内涝、风灾、雹灾、冻灾、旱灾、花期沙尘暴。

B. 意外事故。泥石流、山体滑坡、空中运行物体坠落、火灾、建筑物倒塌、爆炸等。

（2）养殖业保险。

①承保方式。分散养殖户以乡（镇）、村或畜牧站为投保单位统一投保；养殖场以法人单位或个人进行投保。

②保险金额。按照投保个体的生理价值（包括购买成本和饲养成本）确定。

A. 成年奶牛 10 000 元/头，后备奶牛 5 000 元/头，能繁母猪 1 500 元/头，育肥猪 800 元/头。

B. 肉牛基础母牛 10 000 元/头，肉羊（基础母羊、种公羊）800 元/只。

C. 肉羊收益 1 000 元/只。

③保险费率。成年奶牛、后备奶牛、能繁母猪、育肥猪、肉牛基础母牛、肉羊（基础母羊、种公羊）保险费率 5％。肉羊收益保险费率 4％。

④保费承担。

A. 成年奶牛、后备奶牛、能繁母猪、育肥猪，中央财政承担 50％，自治区财政承担 20％，县财政承担 10％，投保人自缴 20％。

B. 肉牛基础母牛，自治区财政补贴 30％，县财政补贴 58％，投保人自缴 12％。

C. 肉羊（基础母羊、种公羊），自治区财政补贴 37.5％，县财政补贴 47.5％，投保人自缴 15％。

D. 肉羊收益，盐池县财政补贴 76％，投保人自缴 24％。

⑤保险期限。育肥猪自签订保险单起至出栏止；肉羊收益自签订保险单起至 6 个月止；其他养殖业自签订保险单起一年（具体期限应在"保险条款"中载明）。

⑥保险责任。主要承担投保动物因重大病害、自然灾害、意外事故以及政府扑杀造成的直接死亡以及价格下跌（肉羊收益）造成的损失。

A. 重大病害。

（a）成年奶牛、后备奶牛：口蹄疫、炭疽、布鲁氏菌病、副结核病、牛结核病、伪狂犬病、牛焦虫病、牛传染性鼻气管炎、牛出血性败血病、日本血吸虫病。

（b）能繁母猪、育肥猪：猪丹毒、猪肺炎、猪水疱病、猪附红细胞体病、猪细小病毒感染、猪链球菌病、猪乙型脑炎、猪圆环病毒病、猪传染性萎缩性鼻炎、伪狂犬病、猪支原体肺炎、猪囊尾蚴病、旋毛虫病、猪副伤寒、猪传染性胃肠炎、产气荚膜梭菌病、口蹄疫、猪瘟、猪繁殖与呼吸障碍综合征及其强制免疫副反应等。

（c）肉牛基础母牛：口蹄疫、炭疽、创伤性网胃炎、急性瘤胃臌气。

（d）肉羊（基础母羊、种公羊）：巴氏杆菌病、炭疽、口蹄疫、气肿疽、焦虫病、链球菌病、羊痘、羊快疫、羊坏死杆菌病、羊猝狙、羊黑疫、羊肠毒血症、传染性胸膜肺炎、流行性感冒、急性瘤胃臌气、支气管肺炎。

B. 自然灾害。暴雨、洪水（政府决定的行蓄洪除外）、冻灾、雷击、冰雹、地震、风灾等。

C. 意外事故。空中运行物体坠落、山体滑坡、火灾、爆炸、泥石流、建筑物倒塌等。

D. 政府扑杀。在保险期内发生高传染性疫病，政府实施强制扑杀后，经办机构应当对投保人进行赔偿。

5．目标任务。

（1）种植业保险。粮食作物、油料作物及小杂粮面积，以县农业农村局种子管理站粮食直补面积和实际种植面积为准，力争承保面达到80％以上。

（2）养殖业保险。依据县农业农村局统计在册的存栏数量，在确保去年投保数量的基础上，鼓励养殖小区、养殖大户积极投保，力争投保率达到80％以上。

6．保障措施。

（1）加强组织领导。为扎实做好政策性农业保险工作，按照"部门协作、分工负责、齐抓共管"的原则，成立县农业保险工作领导小组。

组长：盐池县政府分管副县长。

副组长：盐池县农业农村局局长、人保财险盐池支公司公司经理。

成员：县财政局局长、县自然资源局局长、县扶贫办主任、县气象局局长、全县8个乡（镇）长。

领导小组下设办公室，办公室设在县农业农村局，县农业农村局局长兼任办公室主任，具体负责全县农业保险工作的组织、协调、指导工作。各乡（镇）应成立相应的组织机构，明确人员，落实责任，组织召开专题会议，对本辖区农业保险工作全面安排落实，确保农业保险工作顺利推进。同时，为做好灾后损失鉴定工作，成立县灾害鉴定工作领导小组，组长由县农业农村局局长担任，县农业农村局分管副局长、人保财险盐池支公司负责人和气象局负责人为副组长，各相关部门指派2～3名技术人员为成员。发生灾情后，相关单位和各乡（镇）、村积极协助人保财险盐池支公司共同做好损失核定工作。

（2）密切协作配合。农业保险工作是一项事关广大农民切身利益的重要工程，涉及面广、工作量大、政策性强。各级各部门要明确分工，各司其职，密切配合，协同推进。

县政府主要负责制订本区域方案或提出指导意见，按照区、市确定的范围和保费补贴资金承担比例，筹集落实资金；做好农业保险基础资料的审核、汇总、上报，支持协助人保财险盐池支公司落实农业保险政策，督促做好农业保险承保理赔工作。

县财政局主要负责农业保险的整体推进，加强与政府各部门和人保财险盐池支公司的协调沟通，并负责落实各项政策，筹集保费，监管保险资金使用情况，建立并完善财政支持的农业保险大灾风险分散机制；县农业农村局主要负责农业保险的具体实施，提供种植业、养殖业生产基础数据，指导农户和企业积极做好防灾防疫，强化专业技术服务，研究提出农业保险发展的意见和建议，协助保险公司积极引导农户投保，开展种植业、养殖业保险理赔定损；县气象局做好气象灾害的监测预警，提出气象灾害防御的合理化建议，对农业气象灾害进行评估认定，为农户提供有效的气象服务；人保财险盐池支公司要结合当地实际，研究制定具体保险条款，做好农业保险基础性工作，并与有关部门（单位）紧密配合，共同做好农业保险宣传、组织以及报案查勘、责任界定、理赔定损、争议协调等工作。

各乡（镇）政府、村组织成立农业领导小组，与人保财险盐池支公司积极配合，共同做好保险宣传、保费收取、灾害核定、争议协调等工作。

（3）强化进度安排。各乡（镇）在领导小组统一领导下，指定1名分管领导专抓此项工作。乡（镇）服务中心、民生服务中心、畜牧站指定专人负责日常业务，各村民委员会指定1名责任心强的同志作为农业保险协保员。各乡（镇）相关部门于每年4月10日前将专管员、协保员名单报县农业农村局和人保财险盐池支公司备案，健全基层农保服务体系，确保工作有序顺利进行。各乡（镇）政府应高度重视，召开政策性农业保险专题会议，统一安排部署农业保险工作，并安排协保员统一收取保费，人保财险盐池支公司负责业务宣传、造册、清单录入、标的核验、公示等，将党的支农惠农政策传递到千家万户。

（4）积极宣传引导。各乡（镇）政府和相关部门加大对农业保险工作的宣传力度，通过广播、电视、宣传栏、宣传彩页等多种形式和途径，广泛宣传农业保险的重要意义、开办形式、赔偿标准、责任范围等内容，切实做到家喻户晓。人保财险盐池支公司根据农业保险产品的特点，制作通俗易懂、生动活泼的宣传材料，深入乡村特别是农户家中，宣传推销农业保险产品，真正让广大农民群众了解、接受并积极参与农业保险，确保农业保险工作取得实效。

（5）抓好责任落实。将政策性农业保险工作纳入各乡（镇）政府考核体系中，并赋予一定分值。领导小组要切实加强对农业保险工作的监督检查，发现问题及时解决。对违规操作、弄虚作假、虚报冒领等违纪违规行为，依据有关法律法规严肃查处，真正把农业保险办成阳光工程、惠民工程。

（二）展业准备

展业是做好农业保险业务的基础性工作。由于农业保险的政策属性以及标的的特殊性，展业阶段更需要业务人员了解掌握相关政策法规，认真评估业务风险，制订合理的承保方案，进行有效的宣传，为下一阶段承保工作奠定坚实的基础。应高度重视展业前的准备工作，认真调研，搜集相关资料，掌握本区域农业生产情况以及政府支持政策。

1. 知识准备。

（1）学习掌握政策法规。业务人员在开展业务前，要认真学习国家关于农业保险方面的法律法规，如《中华人民共和国农业法》《中华人民共和国动物防疫法》《中华人民共和国保险法》等；熟悉中央、省（自治区、直辖市）、地（市）、县（区）各级政府农业政策以及农业保险保费补贴政策；掌握监管部门对农业保险的监管政策与相关规定，特别是对保险监管部门明令禁止的经营行为做到心中有数，同时要掌握公司农业保险经营管理相关规定与要求。

（2）学习掌握生产知识。掌握本区域农业生产基本情况与特点、主要种类品种以及成本产出情况，掌握保险标的生长发育规律、农业基本知识和管理要点，掌握各乡（镇）农业生产面临的主要自然灾害、常见疾病或疫情以及历史损失情况。

（3）学习掌握条款实务。掌握保险基本原理与基础知识，农业保险主要产品条款、费率规定、财政保费补贴政策内容、承保规定；熟知农业保险各险种保险金额及费率、保险责任、责任免除、赔偿规定等内容。

（4）学习掌握经营情况。了解相关险种历年承保、赔付情况，分析主要灾因分布规律，掌握该险种承保和核保的关键点。

2. 资料准备。

（1）宣传材料。主要包括中央、省（自治区、直辖市）、地（市）、县（区）有关部门关于农业保险的文件，如中央1号文件、相关部委制定的有关农业保险政策文件、县政府农业保险保费补贴政策文件、各级领导关于农业保险工作的重要讲话与指示、公司制作的农业保险宣传材料等。

（2）单证材料。主要包括保险条款、投保单及投保分户清单、保险单及保险分户清单、保险凭证等。

（三）风险评估

1. 种植业保险风险评估。

（1）自然灾害评估。了解承保本区域年平均降水量分布、活动积温等气候资源情况；重点掌握当地自然灾害发生历史与趋势，如主要自然灾害的种类、发生的频度与强度、空间分布、造成的损失程度和气象部门对近期气候所做的预测等。

（2）种植品种评估。了解承保区域内的可保标的作物种类、品种、近年来的播种面积及发展趋势；了解不同作物种类、品种的生育期、耕作及田间管理方式、管理水平；了解不同作物种类、品种的单位成本（主要包括种子、农药、化肥、机耕费）及在不同生长期的投入量或投入比例；了解相关品种在当地的种植历史、区域试验产量指标，以及抗旱、抗倒伏、耐病、耐盐碱性的强弱等。

（3）种植环境评估。了解本区域土壤状况、河流分布及灌溉情况；了解种植地块是否在国家划定的种植区内，是否处在非蓄洪行洪区，且在当地洪水水位线以上。对于重大承保项目，要深入承保区域内实地评估。

（4）经营情况评估。了解该险种历史经营情况，重点分析导致保险赔偿支出的主要自然灾害、意外事故及其分布，以及产生经营费用的主要环节及其比例。

2. 养殖业保险风险评估。

（1）饲养品种评估。掌握承保区域内可保标的的主要种类、品种及其饲养分布状况、近年来年度出栏数量和期末存栏数量及规模养殖场数量。掌握不同牲畜种类、品种的饲养目的（肉用、种用、蛋用、皮用以及兼用等）以及不同饲养目的的饲养周期、饲养成本（主要包括购进价格、饲料、防疫费用）等。

（2）防疫情况评估。县级动物卫生防疫体系是否健全直接关系到养殖业疾病风险的大小，也直接影响养殖业保险的赔付水平。应深入调查，摸清本地是否按照《中华人民共和国动物防疫法》的要求建立了依法防疫制度，本地畜牧兽医站（或者动物检疫站）的密度是否覆盖到当地所有区域；了解本地防疫工作人员的数量以及业务技能情况；了解县政府是否建立了动物防疫工作领导责任制，是否制订了突发重大动物疫情应急预案和实施方案，是否实行防疫工作人员分片包干负责制。

（3）重大项目评估。对于重大承保项目，不仅要进行上述总体评估，还要求业务人员深入养殖场进行现场评估，重点关注以下方面：

①饲养地近期是否发生传染病或被划为疫区。

②圈舍设计布局与饲养数量是否匹配，饲养管理设施、制度是否健全，饲养密度是否符合规范，圈舍通风、透光及冬季采暖、夏季防暑降温措施等是否完备，排泄物的排放方式及处理方式是否合理等。

③标的健康状况。了解标的品种特点，该品种在本区域饲养历史以及饲养周期、生产性能；查看饲养场兽医日志、免疫接种记录、检疫证明及饲养记录；调查标的畜龄及其均匀度，衡量标的群是否整齐，从而初步判断标的群的健康状况和饲养管理水平。

进入圈舍进行标的健康状况调查（也可在远处观察）：

A. 从精神状态、营养、姿势、步样、皮毛、吃食饮水等方面宏观了解标的整体健康状况。

B. 抽取个别不活泼标的，观察其眼、鼻腔、体温、心跳、呼吸次数，了解标的整体健康状况。

C. 要观察标的排泄物的颜色、数量。

④被保险人审核。重点关注被保险人是否为投保标的所有者，有无饲养管理能力，是否具备防疫、配种、繁殖、饲养等技术力量，有无骗保骗赔不良记录。

3. 防灾防损评估。

（1）种植业保险防灾防损能力评估。重点关注本区域农田水利基础设施建设水平，能否做到旱能灌、涝能排，以及本区域是否具备人工增雨、防雹等方面的设施与能力。

（2）养殖业保险防灾防损能力评估。重点关注当地动物防疫制度和执行力、养殖场的饲养管理能力以及卫生防疫设施是否健全等。

4. 风险评估报告要点。在全面评估上述风险因素的基础上形成风险评估报告，报告主要包括但不限于以下内容：

（1）项目简介。

（2）地理位置及自然气候评估。

（3）历史上的自然灾害、疾病或疫情发生及损失情况。

（4）投保标的评估。

（5）被保险人评估。

（6）防灾防损能力评估。

（7）评估结论。对拟承保项目的综合风险情况按高、中、低进行评定，预计承保后的经营情况，并出具承保意见。

（四）业务宣传

方案制订、展业准备、风险评估工作结束之后，要精心策划，做好宣传，为承保工作创造良好的氛围。

1. 注意宣传形式。农业保险不仅要采用现代化传播手段和新闻媒体的宣传形式，通过电视、报纸等多种形式进行宣传，还要利用通俗易懂、农民喜闻乐见的形式进行广泛宣传，比如宣传画、宣传手册、农村有线广播、宣传车、送戏（书）下乡等，通过多样化的宣传形式提高宣传的有效性。

2. 明确宣传内容。

（1）宣传功能作用。抓住典型的理赔案例，结合具体事例，宣传农业保险的灾后经济补偿功能以及保障农业生产、安定农民生活、繁荣农村经济的巨大作用。

（2）宣传政策属性。政策性农业保险是党和政府为农民群众提供的支农惠农政策之一，各级财政都给予了保费补贴。公司开展农业保险，是履行国有企业的政治责任与社会责任，遵循总体上不盈不亏、收支平衡的经营原则。

（3）宣传保险产品。宣传告知涉及农户切身利益的各险种承保范围、保险责任、除外责任、理赔程序与规范等，让老百姓明明白白投保。

（4）宣传公司优势。宣传公司机构、网络、人才、技术、资金、偿付能力、服务等各方面优势，提升人保财险在当地的知名度与影响力。

（五）正式承保

承保环节作为农业保险业务经营的"入口"，其承保质量将会对理赔环节直接造成影响，影响农业保险业务全流程风险管控。严格规定投保条件、规范业务操作，是做好农业保险承保工作的基本要求。

1. 承保工作要点。农业生产风险的特殊性决定了农业保险经营风险的特殊性。为把好承保关口，提升业务质量，工作中要注意把握好以下几点：

（1）明确保险标的。承保时要采取措施确保保险标的可以准确识别。例如，种植业保险标的要注明坐落位置；养殖业保险标的须佩戴耳标，并且还需要对保险标的进行拍照。以奶牛养殖险为例。对奶牛拍照有如下要求：1张正面头像，完整记录奶牛面部轮廓；左右侧身像各1张，完整记录奶牛左右的体态与毛色。此外，也可根据实际情况拍摄其他部位照片。同时，要使用黑（白）板注明被保险奶牛的户主、内部编号、畜龄、耳标号和照片编号等信息，同被保险奶牛一起拍摄。

（2）坚持保全原则。承保时，要杜绝部分投保及选择性投保。要求投保人须将符合条件的标的全部投保，避免道德风险及逆选择的发生。

（3）严格规定投保条件。承保时，要做好风险评估工作，并严格按照条款规定投保条件。确定保险标的及投保人资质，不符合条件的坚决不予承保。

（4）规范业务操作。

①按照公司农业保险承保实务规程及相关规定开展承保工作，完善投保手续，规范承保录入，提高承保数据质量。

②合理确定保险期间。种植业保险期间应为农作物出苗至成熟收获止。应根据本区域农作物生长规律，由参保农户或组织参保部门与保险公司协商确定。

③严格按照公司授权及下发的条款及费率开展业务，严禁擅自扩展保险责任及降低费率承保，严禁越权承保。

④以个人投保的，农业保险的保险单和保险凭证要发放到户；采取集体投保方式的，要将保险单发放到村、保险凭证发放到户，做到"一户一证"。

⑤政策性农业保险农户自缴保费实行"见费出单"，必须在收取农户自缴的全部保费后，方可出单。

2. 注意承保策略。应认真评估业务开办的成本、风险与收益，从而决定是否承保以及承保条件。深入了解本地农民与县政府开办该险种的意愿，县政府是否同意且能够及时、足额划拨财政保费补贴资金；认真分析评估业务经营风险，测算风险管理成本。

3. 系统处理要求。

（1）录入人员。应将客户填写的投保单信息准确、完整地录入业务处理系统，不得漏输、错输。要确保业务系统数据与投保数据相符，避免出现数据质量问题。

（2）业务来源。业务系统中业务来源分为直销直接、个代直接、专业代理、行业政府、经纪公司、银行代理、交叉销售等。政策性农业保险业务不允许出现代理手续费，业务来源选择直销直接，其他农业保险业务按照实际业务来源选择。

（3）投保方式。个人是指以个人的名义投保，如大型农场、种植企业等；协议有分户指以统保的方式承保，系统内录入分户信息的投保方式；其他指除以上几种情况以外的投保方式。

（4）户数录入。属于养殖场及个人单独投保的户数为"1"户；统保情况下，户数按投保清单上列明的实际户数填写。

（5）选择类别。业务系统中条款险别分为三类，分别为"［中央］××保险""［地方］××保险"和"［商业］××保险"。其中，"［中央］××保险"为中央财政给予保费补贴的政策性农业保险，"［地方］××保险"为地方财政给予保费补贴的政策性农业保险，"［商业］××保险"为商业性农业保险。

（6）录入比例。政策性农业保险农户自缴保费实行"见费出单"；财政补贴比例由上级公司统一配置，并根据本县实际补贴情况对包括农户自缴保费在内的比例进行调整。

（7）承保过程。如有需要在保险合同中特别加以说明的除外责任、投保人及被保险人义务等重要事项，而业务处理系统中无法录入的，经投保人与公司协商一致，可在投保单的特别约定栏予以注明，并在业务处理系统中的特别约定处予以准确录入。

（六）规范核保

核保是对保险标的或被保险人的风险状况进行评估与分类，并做出是否承保，以及适用何种费率或采取什么限制措施进行承保的决策过程。

1. 核保方式。按照公司业务处理流程和操作规范标准化要求，结合农业保险特点，对类型多样、结构复杂的业务实行全险种人工核保。

2. 核保要求。

（1）对承保业务进行风险评估，确定承保条件及价格，确保风险合理控制。

（2）密切监控和分析权限内承保业务质量，做好黑灰名单的维护和更新工作。

（3）认真审核出单员录入投保资料的完整性、准确性，确保保费厘定无误，保费计算及大小书写正确；审核打印后的保险单与投保单各项内容、数字相符。

（4）健全完善承保基础数据资料库，缮制相关报表和承保风险分析，确保承保数据真实、准确、完整、规范。

（5）定期对出单员进行业务技能、核保规定及农业保险相关知识的培训，为客户提供风险管理咨询。

（6）对承保制度和承保质量管理体系建设提出意见建议，严格审批和管理权限内批改业务。

3. 关键要素。

（1）使用条款。要关注承保风险是否属于按规定可以承保的风险，附加险种、特约承保标的是否符合条款规定；种植业保险特别要关注是否承担了病虫鼠害等除外责任；养殖业保险特别要关注是否承担了条款中未列明的其他疾病责任。

（2）评估报告。以下业务须提供风险评估报告：重大承保项目、新保项目、异地项目，以及承保条件有所降低的续保项目。

（3）投保单、投保清单、保险标的坐落图是否齐全。养殖业保险投保清单要特别审核以下要素：投保品种、养殖数量、投保数量、购进日期、畜龄、耳标号、标的外貌特征（如花色）、不同种类及畜龄对应的保额。

（4）投保方式。团体投保的投保户数、投保清单合计数据与投保单数据是否一致。

（5）被保险人名称、保险标的坐落地址、保险标的项目是否清楚。

（6）分项保额、保费与总金额是否一致，大小写金额是否相符。

（7）保险费率和保费计算是否正确。

（8）保险起讫日期是否符合条款规定，续保日期是否衔接。

（9）免赔率是否符合条款规定。

（10）投保人及验标人员签名是否完备。

4. 核保管理。包括中央政策性农业保险业务、地方政策性农业保险业务，以及责任单一、风险较小的农作物火灾保险业务。

（七）收取保费

1. 农户自缴保费执行"见费出单"。 政策性农业保险业务实行农户自缴保费"见费出单"。只有农户缴清保单规定的自缴保费，在收付费系统做实收保费处理后，综合业务处理系统才能打印有效保单和保险凭证。在具体操作中，应在核实投保分户清单后，按照投保分户清单载明的农户自缴保费金额足额收取保费。

农业保险业务主要以县、乡（镇）、村为单位采取统保方式承保。在实际操作中，可能由于部分乡（镇）、村拖延拖欠自缴保费，导致无法出具统保保单现象。针对这种情况，为确保已缴费农户的经济利益，积极为其提供风险保障，可根据实际缴费情况对已缴费的乡（镇）、村农户先出具保单。其余乡（镇）、村农户缴清保费后另行出具保单。对不缴费者不出具保单。

在收取保费的过程中，一定要严格按照监管部门、上级公司要求实行承保收费到户并要求农户签字确认。完成投保登记造册和收取保费后，将主要投保信息以村或组为单位进行公示，并留存相关影像资料备查。

2. 各级财政补贴保费划拨方式。 按照财政部门农业保险保费补贴管理的有关规定，只有农户缴清自缴保费的保单才能申请财政保费补贴。公司按照政策性农业保险承保方案中明确的财政补贴资金划拨方式，在规定期限内将已缴清农户自缴保费的保单（或保险凭证）等相关材料提交财政部门审核，申请划拨财政保费补贴资金。

（八）批改手续

保险单签发后，在保险期限内，如果投保数量、种植养殖品种、种植养殖方式发生变化，保险标的危险程度增加，或其他足以影响公司决定是否继续承保以及影响保费增加或减少的重要事项发生变更，投保人应及时申请办理批改手续。批改手续由投保人提出书面申请，填写"保险事项变更申请书"，并由投保人或被保险人签字确认后，连同保险单正本一并交公司，公司凭此签发批单，办理批改手续。批改生效日期不得在批改录入日期之前。

涉及政策性农业保险保费增减变化的批改，需在批单上列出计算公式，对于加收保费的，应开具保费收据一式四份，一份交被保险人催缴自交保费，一份送当地财政部门计算财政保费补贴，一份交财务部门核收保费，一份业务留存。

（九）风险管控

1. 再保险安排。 为做好农业保险承保风险管理分散工作，有效提升农业保险风险防范能力和业务管控水平，公司每年向再保公司申请购买农业保险再保险，保障的范围主要为商业成数合约保障、商业超赔合约保障。上级公司同步启动系统内部农业保险内超赔保障机制，支持公司创新险种发展。

（1）商业成数合约保障。种植业保险和养殖业保险成数分出比例下限为10%，上限为50%；森林业保险成数分出比例下限为10%，上限为40%。

（2）商业超赔合约保障。种植业保险和森林业保险保障的起赔点为120%，保障上限为种植业保险或森林业保险百年一遇大灾赔付率与300%两者中较低者。

（3）系统内超赔保障。主要保障气象指数、价格指数、制种、蔬菜大棚、收益保险等特色险种。保障范围为100%～120%。分保比例下限为10%，上限为100%。

2. 大灾准备金。 根据财政部《农业保险大灾风险准备金管理办法》（财金〔2013〕129号）和《农业保险大灾风险准备金会计处理规定》（财会〔2014〕12号），严格执行上级公司农业保险大灾风险准备金管理办法。

（1）大灾风险准备金的提取。农业保险大灾风险准备金包括保费准备金和利润准备金，分别按照农业保险保费收入和超额承保利润的一定比例计提，逐年滚存。其中，保费准备金和利润准备金由上级公司统一计提。保费准备金按照种植业、养殖业、森林业等大类险种自留保费的一定比例分别计提。自留保费＝保费收入＋分入保费－分出保费。种植业保险保费准备金计提比例为4%，养殖业保险保费准备金计提比例为2%，森林业保险保费准备金计提比例为5%。

（2）大灾风险准备金的使用。农业保险大灾风险准备金专项用于弥补因大灾风险事件造成的保险损失，可以用于农业保险各大类险种。

（3）大灾风险准备金的财务管理。在成本中列支的保费准备金计入当期损益。在所有者权益项下列示利润准备金。具体核算办法按照财政部《农业保险大灾风险准备金会计处理规定》（财会〔2014〕12号）执行。

二、理赔方案

（一）成立组织机构

为积极应对我县发生的自然灾害、疾病或疫情，合理安排调度查勘定损，扎实做好政策性农业保险理赔工作，成立人保财险盐池支公司农业保险理赔领导小组。

组长：经理。

副组长：分管副经理。

成员：公司农业保险部负责人及业务人员、各乡（镇）"三农"营销服务部负责人及相关业务人员、外聘种植或养殖专家团队、各乡（镇）协保员。

工作职责：①坚持"主动服务、迅速查勘、准确界定、合理理赔、赔付到户"的原则，严格落实理赔责任；②督促查勘定损理算相关工作的推进落实情况，确保理赔工作取得实效；③坚持统筹协调，及时沟通汇报，研究解决推进过程中遇到的重点难点问题。

（二）掌握理赔要点

1. 对条款内容的理解。

（1）深刻理解"保险责任和责任免除"。这是处理农业保险理赔首先必须了解的第一要务，只有对条款有深刻的理解，才能在理赔过程中明确该事故是否属于保险责任。如果不能很好地掌握条款，正确理赔将无从谈起。公司有必要防范养殖场主隐瞒病情、故意误报或漏报疾病种类等情况的发生，所以在查勘时要了解和熟悉疾病的具体症状。

（2）理解"赔偿处理"条款。该条款明确了公司承担赔偿的具体方式和具体赔偿标准，有助于确定公司的赔偿责任范围，哪些应该赔、哪些不该赔，从而做到"不惜赔、不滥赔"。按条款执行，才能减少理赔当中不必要的纠纷，确保理赔工作的顺利开展。

（3）了解"具体术语"条款。对"具体术语"的解释将有助于确定发生的事故是否属于保险责任事故，是否达到了规定的灾害标准，从而确定是否该赔。

2. 对理赔流程的理解。

（1）理赔基本流程。

①报案。出险后，请及时拨打人保财险专线电话"95518"报案。

②查勘定损。公司在接到报案后，应尽快派查勘人员赶赴现场，对受损情况进行查勘定损。

③提交索赔材料。被保险人应根据公司的提示，按承保险种的不同提交相关的索赔资料。

④赔款理算。公司收齐索赔资料后，即按条款约定进行赔款理算。

⑤支付赔款。公司在完成赔款理算后，及时通知被保险人领取赔款，或将赔款送达被保险人。

（2）定损主要流程。农业保险的保险标的不同于其他财产的保险标的，它具有生命特征，标的遭受自然灾害后恢复生长特性以及自然灾害对作物具有利弊双重性（例如因疏花、疏果、疏苗而减轻或不构成损失的情况时有发生）。为此，种植业保险的核定损失应设立一定观察期，观察期具体时间长短要根据不同的保险标的、灾害种类和损失情况确定。种植业保险生长期一般采取二次或多次查勘制度（通常称为"首次定责，二次定损"），收获前最终核算赔款。一般情况是：

①首次查勘。接到报案后立即进行现场查勘，首次查勘不宜现场确定损失金额，应根据保险标的的特性以及条款的规定，只确定相关被保险人、保险标的、受灾面积、保险责任，并记录在案。

②二次查勘。出险 10 日左右进行第二次查勘定损，待作物在约定时间内恢复生长后，对作物恢复生长的情况定期予以查勘。根据首次查勘记录，重新对保险标的、受灾面积、保险责任进行确认，但主要是确定损失程度、损失数量等内容，并记录在案。

③收获前核算。赔款理算只能在收获前损失全部确定完后才能进行。这样也给保险公司在收获前再一次现场核定损失的机会。在作物收获前进行田间测产，评估收获产量，并根据条款确定损失数额。若作物已经无再生能力，应根据条款及时予以结案。但在首次查勘时能够确认损失尤其是全部损失，而且具备改种、毁种季节条件的，应该直接定损，不必拘泥二次定损。定损时，应做到损失确定到户，确保农业保险理赔工作的公平与公正。

3. 赔款公示抽查。向具备理赔条件的受灾农户准确且及时地发放赔款，是保险公司取信于民的关键。赔款发放前，保险公司要按照赔案中被保险人数量及行政区划安排公示。公示最大单位不超过建制村，若受灾农户过多，可适当下调至组。公示内容须包括赔款分户清单上的全部内容。应将赔款直接打入被保险人的银行指定账户，确保赔款 100％ 发放到受灾农户手中。

4. 预付赔案处理。

（1）严格控制预付赔案类型。不是任何赔案都可以进行预付的，按照保险公司相关规定的要求，只有四种类型的赔案可以进行预付赔款，分别是大面积自然灾害的赔案、优质客户的赔案、有重大影响的赔案和达到法定索赔时限的赔案。

（2）严格控制预付赔款金额。对于预付赔款的金额应有严格的比例限制，一般按照赔案性质的不同限定为损失金额的 30％～50％。

（3）严格履行预付赔款报批程序。对于损失金额超过公司理赔权限的预付赔案，应该严格按照公司关于预付赔款的审批手续向上级公司上报审批，经上级公司同意后，方可支付预付赔款。

5. 代位追偿处理。当发生保险责任范围内的事故造成损失后，根据国家法律或有关规定，应当由第三者承担民事赔偿责任的，被保险人或投保人应向第三者进行索赔；如果被保险人或投保人要求保险公司先行赔付的，保险公司赔付后，被保险人或投保人应出具"权益转让书"，将其向第三者索赔的权利及有关索赔资料转交给保险公司，保险公司依法享有代位追偿的权利，被保险人或投保人应积极协助保险公司向第三者进行追偿。

（三）协调各方关系

1. 与农户进行沟通。

（1）做好沟通协商。谈判与沟通在理赔过程中必不可少，一名优秀的理赔人员，沟通、谈判能力与理赔技能并重。掌握有关知识和能力，需要学习和训练，并在实践中注意总结和提高。涉及沟通、谈判的调查和评估必须事先完成。

（2）创造良好氛围。耐心倾听，先听后谈。在与保户的交谈中不要急于表达自己的看法，让对方充分表达意见，体现公司对他的足够尊重，并适时提问，让他谈到你所关心的问题。理赔就是服务，谈判不能演变为对抗，在双方存在明显分歧时，应当保持镇静和从容，以得体的言行赢得对方的尊重，以讲道理、负责任的态度陈述自己的观点，以可行、合理的方案得到对方的信任。

（3）不宜直接与农户确定损失。发生大面积自然灾害时，不宜直接和农户确定相关损失，特别是不能在现场计算赔款，应尽量避免正面的分歧和冲突。在理赔过程中，难免会有农户对公司的理赔产生不理解。对此，理赔人员必须以平常心对待，认真解释公司有关保险条款的规定和理赔规定，尽量用通俗易懂的语言让其知晓条款的内容，从而理解理赔的正确性，让保户满意，以便为今后承保等工作的开展奠定基础。

2. 协调政府部门的关系。 在遇到重大灾害发生时，要积极争取县委、县政府领导和农业技术部门的支持和帮助，避免直接接触农户而产生纠纷。在与政府协调方面，在思想上给予高度重视，平时就要与政府部门保持良好的关系，让政府了解农业保险的性质以及公司的工作态度。发生大灾后，要主动与政府部门联络，提出行之有效的理赔方案与政府部门协商，让县政府感到保险公司是在尽心尽力地为地方经济发展、社会安定履行自己的职责。

同时，还可采取与县政府部门人员一同成立查勘、定损小组，共同对受损面积、数量、程度等进行确认。然后依据损失与县政府协商确定赔付金额，最后与政府部门一同出面，采取兑现会、张榜公布、媒体宣传等方式确保赔款到位。赔款兑现时涉及千家万户，应争取县政府的支持，由乡（镇）政府直接兑现赔款。这样一方面避免了赔款被截留，另一方面也提高了保险公司的企业形象和社会信誉度。

3. 密切农技畜牧兽医部门的联系。 一旦发生保险范围内的损失，要把好理赔技术关，对于责任和损失难以确认的疑难案件，可以聘请相关专家或技术人员协助确定保险责任和损失数量，做到准确界定责任、合理计算损失、杜绝道德风险的发生。

（四）理赔工作要点

鉴于农业保险的特点、风险特征以及赔案的特殊性，在赔案处理中要把握保险责任界定、现场查勘、损失确定、理算等关键环节。

1. 定责环节。 保险责任认定是保险公司根据现场状况和相关部门出具的相关证明材料确定损失原因，与执行条款中的保险责任进行核对认证的过程。由于事故原因复杂多变，故保险责任确定也非常复杂，保险责任认定将贯穿从报案、现场查勘、立案、理算到核赔的整个理赔过程。对被保险人来说，它决定着是否获得经济补偿；对保险公司来说，它决定着赔偿的正确与否，进而影响保险公司的经济利益以及信誉。因此，认定是否属于保险责任，要本着实事求是的原则，具体情况具体分析，避免片面性和盲目性。

（1）种植业保险定责环节。对事故原因进行分析和鉴定。种植业保险发生事故的原因一般包括直接原因和间接原因、管理原因和责任原因、外因和内因等多个方面。因此，作为保险责任认定的第一步，理赔人员要对事故的原因进行详尽的调查和分析，确认事故发生的近因。事故原因分析一般可分三种情况：

①对于由比较明显的灾害如大面积涝灾、风雹灾害等造成的损失，理赔人员可根据现场情况及相关媒体报道进行直接认定，不一定要求有相关部门的气象证明材料。

②对局部地区发生的自然灾害、意外事故，需要由农业技术等部门进行责任认定的，应根据相关的责任认定报告确定事故原因。

③对一些技术含量高、理赔人员难以把握的事故原因，通过委托专门的技术鉴定部门或科研机构进行事故原因分析和鉴定。

（2）养殖业保险定责环节。确定出险原因是否属于保险责任是定责的关键环节，特别是对养殖业保险来讲，因为养殖业保险标的是有生命的有机体，对生存环境的条件要求相对严格，所以养殖业发生损失的原因往往不是单一的，常常是多种因素综合作用的结果。因此，在对养殖业保险的定责过程中，要严格依据保险条款载明的保险责任进行分析确定，若事故与保险责任有关，还需要进一步判定保险责任在事故中的影响程度。例如：因疾病造成保险标的死亡或扑杀，保险公司必须请畜牧兽医部门进行技术鉴定。标的物较大且是个体的，可聘请专家到现场进行鉴定；标的物较小且是群体的，可采集具有代表性的样本送技术部门进行鉴定。

对于传染病造成养殖物死亡的，首先要考虑饲养人员是否存在违反有关饲养管理规定的行为，如果属于条款中明确规定的除外责任或被保险人未履行应尽的义务，应予以拒赔。对个别情况复杂，难以判断责任的案件，要本着不诱发道德风险和无副作用的原则，权衡利弊，慎重掌握，提出初步的处理意见。同时，应借助专业兽医或防疫部门的检验和鉴定，做出保险责任的判断。

2. 查勘环节。 现场查勘是为了核实保险合同和事故的真实性，初步判定保险责任、损失大小，同时协助施救。现场查勘是理赔的关键环节。查勘工作在及时、准确和合理地处理赔案的过程中扮演着重要角色。一般采用抽样法或等距抽样方式来确定大范围的种植业损失程度，抽样时应尽量使各样本段在总体中服从均匀分布。除此之外，还应考虑不同损失程度在总体中所占的比例。为了提高查勘工作的效率、提高所获取资料的准确性，查勘人员必须在查勘前对承保情况有较为详尽的掌握，要查抄保单抄件以及承保明细，携带照相机或摄像器材以及其他的现场工作用具，如卷尺、雨具等。如有需要可以聘请技术专家共同查勘现场。

现场查勘工作要讲工作技巧。一方面，要保证查勘工作的顺利进行。例如，不要过早在查勘现场提及是否赔偿等保险责任认定问题，避免被保险人不配合提供有关资料和证据。另一方面，要保证查勘的准确性，及时发现赔案中的虚假成分。例如，在处理能繁母猪赔案中，除了根据保单核定承保数量，提防出现农户到市场购买其他未保险的母猪进行理赔的现象，还可以采用割猪耳朵、牛尾巴等方式对已查验过的标的做标记，避免发生农户用同一次死亡的动物多次进行理赔的现象。

查勘工作结束后，应及时完成现场查勘报告。查勘报告要对事故的真实性、标的受损情况（损失范围、预计损失承担）和保险责任是否成立等给出初步意见。查勘报告还需附有现场查勘的照片、录像以反映损失的真实性，必要时要绘制现场草图，反映损失的范围以及与周围环境的关系。

（1）种植业保险查勘环节。

①注意种植业保险的特殊性。查勘时，要注重对致损的原因、是否属于保险责任和损失情况进行全面、客观的了解和记录，注重证据和信息的收集，对查勘中能确认的损失清单、损失数量（面积）或损失程度等内容均要求被保险人当场签字确认。特别是一些自然灾害（如水灾、雹灾、风灾）的查勘定损不要操之过急，因为种植业的风险多为自然风险，持续时间长，急于现场查勘不但无法了解灾害损失的最终结果，有时也影响对损失的最终判定。所以，现场查勘中要督促被保险人及时施救，切不可仓促定损。

②注意种植业保险的时空性。查勘时，不仅要查明灾害发生的时间、地点、受损面积、损失程度、承保率、重复保险情况，而且要查清事故损失是出于直接原因还是间接原因、自然因素还是人为因素，合理区分保险责任与

非保险责任造成的损失。对事故人、证人做好调查询问工作，做好笔录，请被调查人签字。对共同查勘人要核对相关记录并签字留存。

③初步查勘现场后，开展定损工作前，应要求投保人、被保险人或乡政府、村民委员会提供受损标的清单。损失清单应详细填写到村到户到坐落地点（包括小地名）、受损标的名称、损失数量、损失程度、施救情况等。同时，要求保户尽快一次性提供齐全资料，尽量避免不断追加索赔情况的出现。

④施救整理受损作物。理赔人员到达受灾现场后，如果灾害尚未控制或继续蔓延，应立即会同被保险人和有关部门研究采取紧急措施进行施救，尽量减少保险标的的损失。在未能明确受损标的是否属于保险责任范围的情况下，对施救费用不能轻易答应负责。如果灾害已得到控制或已消除，在完成拍照、现场记录等工作后，与被保险人共同研究整理和保护受损标的措施，防止损失加重。

⑤估计损失金额。由于估损工作直接关系到未来赔款的大小，因此切忌随便杜撰一个数据应付了事。应根据保险标的的损失程度、损失面积、残值、生长时间等因素估计损失金额，做到心中有数，并做好记载。

⑥大面积自然灾害或复杂的疑难案件的处理，要争取县委、县政府领导及有关部门的支持和帮助。查勘定损工作应结合各险种的专业技术要求进行，在条款规定的范围之内，准确、迅速、真实地确定损失。

（2）养殖业保险查勘环节。

①收集掌握有关承保信息。查勘前，及时查抄保单，明确出险地点、事故原因，以做到心中有数。同时，针对养殖场所的环境，应携带必要的防护用具，如口罩、皮手套、雨鞋、雨披等。

②及时查勘。动物尸体不宜长时间保留，被保险人可能会按照政府有关部门的要求进行处理，不及时查勘，会给定损带来困难。

③查勘过程。注意对损失情况进行全面客观的了解和记录，注重证据和信息的收集。包括查阅畜禽（动物）等舍（栏）的饲养记录、兽医巡视日志、防疫记录、病理记录、编号记录簿等材料，必要时征得被保险人同意进行封存或复印，以便掌握第一手材料。一般而言，投保养殖业保险的被保险人应具备上述日志和记录，在缺失的情况下，需要进行人工查点和登记。在

被保险人在场的情况下，对存栏的数量进行分类统计和确认，以便与保单核对确定承保比例。对于查勘所形成的书面记录，应由被保险人签字确认，锁定受损范围，以避免在定损及谈判过程中处于被动地位。发生事故后，查勘人员不能过早涉及是否赔偿的保险责任认定问题。

④仔细观察动物特征。辨认尸体表面有无外伤、淤血等异常情况，通过体温、尸体僵硬程度和臭味大致判断发生事故的时间。如果尸体有外伤和淤血等情况，说明是外力所致，可以分析判断为非保险责任范围。推测事故发生的时间，如果是在观察期临近的日期，必须进一步核实和调查准确的出险时间，以防道德风险的发生。

⑤确定保险责任范围。重大疾病导致猪、牛、羊死亡时，一般不会在短时间内大批量死亡，通常有一段持续时间。在查勘后，应将猪、牛、羊等做上记号以便辨认，或在现场监督深埋（根据需要），以免下次查勘时重复核损。

3. 定损环节。定损就是根据查勘所得的信息，对保险标的的损失面积、损失程度、损失数量等损失内容进行确定的过程。

（1）种植业保险定损环节。

①采取二次或多次查勘定损方法核定损失。鉴于种植业险种的特殊性，应设立不同的观察期，科学开展二次或多次定损。南方和北方可根据不同的气候条件确定二次观察期的时间，待保险标的恢复生长特性后，再进行查勘测产，评估收获产量，并根据条款确定损失数额。

②统一定损标准。发生大面积灾害时，可能会涉及较多的受灾农作物，为保证定损客观公正，首先应就同一农作物制定统一的定损原则及定损标准，如统一定损单位、损失面积、损失程度的确定方法等。并征得被保险人的同意，防止不同农户在理赔上相互攀比。

③借鉴专家经验科学定损。发生性质复杂、损失严重的赔案，可聘请有关农业专家协助进行现场查勘、定责、定损。但公司理赔人员不能因此就对赔案处理不管不问，需坚持"以我为主"的原则，积极参与，掌握理赔工作进程，同时主动向专家学习相关知识，掌握定损技巧，以便在日后独立处理类似赔案时能以更科学、更专业的方法对受损标的进行准确、合理的定损。

④按比例计算赔偿。种植业保险标的发生损失时，对于保险数量或面积

大于实际数量或面积的，以实际数量或面积计算赔偿；对于保险数量或面积小于实际数量或面积的，要按比例计算赔偿。

（2）养殖业保险定损环节。

①进行尸貌查验。例如，皮肤和体表有无新旧外伤、肿块、结节、溃疡、骨折，皮下有无气肿、水肿、脓肿以及外伤等病变，可视黏膜有无出血点、淤血、黄疸、溃疡等病变。若在口腔、蹄部和乳房发生水疱和溃疡，可诊断为口蹄疫；若天然孔出血，尸僵不全，可初步诊断为炭疽。

②死亡时间鉴定。动物死亡后，尸体逐渐变凉，死后 3～6 小时开始出现尸僵（动物死亡后，肌肉发生僵硬的现象），依次从头部、后颈部、前肢到后躯和后肢，10～24 小时后尸僵完全，24～48 小时后又依原来次序缓解变软。根据尸僵的情况可鉴定死亡时间。一般根据下颌骨的可动性和四肢能否屈伸来判定。如果动物前肢能屈伸而后肢僵硬，说明已死亡 24 小时以上。但是死于败血症或中毒的动物，其尸僵大都不明显。尸体放置时间较长，受腐败菌作用，产生腐败现象。尸体腐败的主要表现是尸体腹部膨胀，产生大量气体，并伴有恶臭气味产生。

③发生保险责任事故。大牲畜保险赔付标准是：一般责任的死亡按承保全额扣除可利用的畜肉和畜皮价值后进行赔付。实践工作中，通常把残值定为 20% 左右。如果是因传染病而死亡，则畜肉和畜皮不准利用，因此不扣残值，但应扣除有关部门补助金的全额。

④发生突发性大面积传染病。根据政府或职能部门的扑杀令，需要集体扑杀、焚烧或深埋的，要与相关部门积极配合，密切跟踪，监督检查，防止发生道德风险。

4. 理算核赔环节。 在保险中，损失金额与赔偿金额不同。理算与核赔均应注意的事项有：从损失金额中扣除不属于保险标的或保险责任范围内的金额，从损失金额中扣除残值，对不足额保险和重复保险进行比例分摊。保险公司保单中所规定的免赔额一般为绝对免赔额，即保险公司不承担保险赔偿责任，而应由被保险人自己负担的金额，因此在保险公司最后的赔付金额中予以扣除；如果保单规定"免赔额为损失金额的一定比例"，则首先根据损失金额计算出免赔额的绝对数值，然后再在最终赔付金额中予以扣除。

（1）种植业保险理算核赔环节。经过定损环节，被保险人因遭受保险事故造成的直接农作物损毁和相关费用损失的金额就已基本确定，在此基础上，理算、核赔环节主要是结合保单内容和保险原理，对保单责任认定、定损原则、损失计算方法和依据等内容进行审核，并根据定损金额按照一定顺序计算保险公司的最终赔款金额，一般需注意以下方面：

①按损失程度比例进行赔偿。这种赔偿方式适应于种植业成本保险。根据农作物种植的物化成本是随着生长进程逐渐投入的特点，将农作物生长期分为几个阶段，如苗期、营养生长期、生殖生长期等，不同生长期具有不同的赔偿标准。保险农作物无论发生部分损失还是全损，均按当时的赔偿标准和损失程度比例进行赔偿。在保险有效期限内，每次发生赔款，保险金额均相应减少，累计赔付金额以不超过保险金额为限。

②按收获产量与保险产量的差额进行赔偿。这种赔偿方式适用于农作物产量保险。发生绝产损失时，按不同阶段确定的最高赔偿标准赔偿。苗期发生损失时，可重播的，按重播的种子、秧苗费计算赔偿金额，经一次赔付后保险责任并不终止；不可重播的，经过一次性赔付后，保险责任即行终止。生长后期和成熟收获期发生绝产损失时，经过一次性赔付后，保险责任即行终止；发生部分损失时，按实际收获产量与保险产量的差额赔偿，通用的赔款计算式为：赔款额＝受损面积×（保险产量－收获产量）×保险价格×（1－免赔率）。

（2）养殖业保险理算核赔环节。经过定损环节，已基本确定被保险人因遭受保险事故造成的保险标的的损失和相关费用损失的金额。赔款计算方面需考虑的因素有：

①赔付比例。被保险人的饲养场为扩大规模，在保险期间新引进与保险标的相同品种或难以鉴别的动物，无法分清保险标的和非保险标的的情况下，必须采取按比例分摊方式赔付。

②残值。保险条款或保险单中约定扣残值的，对于遭受保险事故发生损失且还有残余价值的保险标的，原则上应协议折价归被保险人所有，同时在保险赔款中扣除，保险公司有权不接受委付。标的损失计算赔款时不按比例分摊的，残值也不进行按比例分摊；否则，则要按比例进行分摊。对于确认为传染病和其他恶性疾病的病畜禽依法扑杀，并做深埋、焚烧等销毁处理的，不扣残值。有关部门给予一定补贴的，保险公司则应按承保成数在赔款

中予以扣除。

③因病死亡动物。根据中华人民共和国国家标准《病害动物和病害动物产品生物安全处理规程》（GB 16548—2006）：对于确认为炭疽、鼻疽、牛瘟、牛肺疫、气肿疽、狂犬病、马传染性贫血病、蓝舌病、猪瘟、口蹄疫、猪传染性水疱病、急性猪丹毒、布鲁氏菌病、鸡新城疫、马立克氏病、禽流感、鸭瘟等传染病和恶性肿瘤或两个器官发现肿瘤的病畜禽整个尸体进行销毁，不扣残值。如果有关部门给予一定补贴的，保险公司则应按承保成数在赔款中予以扣除。

5. 赔款环节。在与投保人达成赔偿协议后 10 日内，将保险赔偿款直接支付到投保人指定的账户中。农业保险合同对赔偿保险金的期限有约定的，应当按照约定履行赔偿保险金义务。

（五）单证管理及赔案缮制

1. 主要农业保险理赔单证。如下表所示。

	单证名称	内部	外部	获取渠道	相关说明
通用单证	出险及索赔申请书		√	被保险人填写	
	保险单、保险凭证		√	被保险人出具	保险公司查看原件，留存复印件。集体投保的，可由政府出具复印件或相关证明
	保费收据		√	被保险人出具	
	出险原因证明，包括：气象证明/火灾证明/其他证明等		√	气象证明由县级气象部门出具	因自然灾害造成损失时需要。发生大面积灾害时，保险公司能够统一确认的，可不单独提供
				火灾证明由森林警察、消防等部门出具	因火灾造成损失时需要，如森林火灾、收割期火灾等
	报损清单		√	被保险人出具	应说明保险标的的具体损失金额、数量和程度
	被保险人、领款人身份证明		√	被保险人出具	非被保险人领取赔款的，应同时提供"领取赔款授权书"、领款身份证明
	赔款收据		√	被保险人出具	由被保险人签章
	预付赔款申请书		√	被保险人出具	申请预付赔款时需要
	"95518"接报案表	√		保险公司出具	"95518"系统自动生成
	现场查勘报告	√		保险公司出具	
	赔案审批表	√		保险公司出具	

（续）

	单证名称	内部	外部	获取渠道	相关说明
通用单证	简易赔案协议书	√		保险公司出具	5 000 元以下，责任明确，案情简单，损失金额、数量和程度确定的赔案
	赔款计算书	√		保险公司出具	
	相关技术鉴定材料或定损标准	√		权威部门出具	视具体情况而定
种植业	种植业定损清单及赔款明细表	√		保险公司出具	
	种植业定损清单及赔款汇总表	√		保险公司出具	
森林业	森林保险定损清单及赔款明细表	√		保险公司出具	
	森林保险定损清单及赔款汇总表	√		保险公司出具	
养殖业	养殖业定损清单及赔款明细表	√		保险公司出具	
	养殖业定损清单及赔款汇总表	√		保险公司出具	
	死亡证明		√	具有畜牧部门颁发行医资格证书的兽医出具	牲畜或其他保险标的因疾病（包括传染病和非传染病）死亡时需要
				政府部门出具	因意外事故造成损失时需要
	防疫证明		√	防疫站出具	
	财政补贴证明		√		被政府扑杀的保险标的，在赔款支付前，被保险人应提供财政补助证明材料

2. 理赔案卷单证排序及装订。

（1）案件结论、决定在前，其他单证按理赔工作程序排列。案卷内有批复的，批复在前；诉讼性案件判决材料在前。

（2）各种单证装订，要求整齐、美观、方便使用。

（3）赔案根据案情大小、复杂程度可一案一卷或一案数卷。

（4）案卷归档装订顺序如下：

①卷宗目录。

②批复申请（超权限赔案）。

③赔案审批表。

④理算说明。

⑤承保材料。包括：投保单、保险单及保险批单、保费收据、超权限业务审批表复印件等。

⑥出险及索赔通知书。

⑦保险标的损失清单。

⑧现场查勘报告。

⑨相关技术鉴定材料或定损标准。

⑩出险证明材料。包括：现场照片、现场平面图、赔付协议书、赔款计算书、赔款收据等。

（六）防灾防损

1. 种植业保险防灾防损工作。

（1）认真做好"三查"，即保前调查、保时审查、保后检查。这是农业保险经营中的基础工作，其主要内容包括：

①保前调查。在承保前，应对投保人申请的投保标的展开详尽的调查。可以通过实地查勘和保户自愿填写保险问询表的形式，充分了解标的现状、以往投保情况和出险情况、当地气象和水文资料。

②保时审查。主要对投保单中的各项要素填写的完整性、投保金额的科学性及合理性、特别约定事项是否列明等进行审查，从而确定承保方式及比例、赔偿方式、保险费率等。

③保后检查。公司业务人员不仅要经常检查农户对保险标的的安全情况、防范措施和危险隐患等情况，还要检查保险条款中规定的被保险人义务是否得到履行、农户对保险标的的关注和呵护程度等。在灾害性天气到来之前，需与农户一起研究应对方法，采取相应措施，争取消灭危险隐患，把损失可能发生的概率降到最低水平。

（2）以防为主，防赔结合。借助县政府部门的支持和社会力量，对农业灾害进行预防，建立防灾、抗灾体系，实现综合治理，特别要把遥感、通信、计算机等先进技术密切结合，构成一个完整的技术体系。

①结合当地经济状况和自然条件，引导被保险人对防灾防损的投入，开

展有针对性防灾防损措施，例如筑堤防洪和开渠引水、实施人工降雨和防雹增雨、喷洒农药和除草剂，以及在冬季采取一些防冻措施等。

②依靠科技手段做好防灾工作。例如，因地制宜选好种子、树苗、幼苗，使用高效农药，推广抗灾抗病能力强的农作物，在丰收时期运用机械化作业，以此来提高生产效率等。

（3）制订防灾预案，签订防灾协议。建立防灾防损工作责任制，增强做好农业保险风险防范工作的目标性。同时，应加强定期检查督促，发现问题后应及时提出整改意见，把灾前要预防、灾中抢救和灾后补偿结合起来。

（4）建立防灾防损工作责任制。成立防灾领导小组，各类人员对防灾防损工作做到责任明确、奖罚分明、有章可循。

（5）建立重大赔案汇总分析制度。定期分析重大赔案，从中找出规律性的东西，及时指导农业保险的管理工作。

2. 养殖业保险防灾防损工作。 养殖业保险防灾防损工作的重心是养殖场所的综合性卫生防疫措施及落实情况。养殖场不论大小都要因地制宜地制定一整套综合性卫生防疫制度，做好环境消毒、免疫等方面的工作，尽量消除传染源，以减少因发生传染病而造成的损失。

（1）建立综合性防疫体系。

①卫生防疫灭病的原则。

A. 养殖场的饲养人员、管理人员及领导干部都要始终贯彻并遵循"预防为主、防重于治"的原则，严格遵守卫生防疫制度和国家有关条例、法规。

B. 根据传染病形成、蔓延、流行的特点，采取综合性的防疫措施。具体内容有：场址的选择，畜舍的设计、建筑及布局，科学的饲养管理，供给全价的饲料，保持清洁干净的饲养环境，适时进行有计划的免疫、接种和消毒等。

②养殖场卫生防疫的要求。

A. 养殖场应建筑在背风向阳、地势高、干燥、排水方便、水源充足、水质符合饮水卫生要求的地方。

B. 场址要求交通方便，离公路、村镇、居民区、工厂、学校 500 米以外。特别是距离畜禽屠宰场、肉类和畜禽产品加工厂要更远（1 000 米以外）。

C. 生产区与生活区必须严格分开。各场所之间应有隔离设施。大门、生产区大门的入口处应建造宽于大门、长度为汽车车轮一周半的消毒池，池内放消毒药。畜舍入口处要建造宽于大门、长度约为 1.5 米的脚踏消毒池，池内同样要放消毒药，并需每日更换一次。生产区门口还需建造更衣消毒室和淋浴室。

D. 储存库和畜舍应建造在上风头处，兽医室、病死畜和粪便处理场应设在养殖场外的下风头处。病死畜和粪便要用专用运输工具送往围墙外的处理场或进行发酵处理。

E. 建立饲料库，用饲料车将饲料直接送入饲料库，或采用一次性的饲料袋进行装运。

③经常性的卫生防疫举措。

A. 要制定具体的卫生防疫制度，并要明文张贴，作为全体工作人员的行动准则。所有人应照章执行。

B. 本场职工进入生产区，要先在消毒室洗澡消毒、更换消毒衣裤和鞋帽，之后方可进入。

C. 畜舍一般谢绝参观，如需安排参观则须经场长同意，兽医室备案。非生产人员不得进入生产区，维修人员也须消毒后才能进入生产区。严格控制场外的任何物品未经消毒进入场内。

D. 养殖场门口或生产区入口处的消毒池内的消毒液必须及时更换，并保持一定的深度和浓度。冬季消毒池内可放些盐防止结冰。车辆进场时须经过消毒池，对车身和车底盘进行喷雾消毒。

E. 保持畜舍的清洁卫生，饲槽、饮水器须定期洗刷和消毒。要保持畜舍清洁、干燥，并定期进行消毒。畜舍应保持空气新鲜，温度、湿度和光照适宜。供给全价饲料和足够的清洁饮水。不饲喂发霉变质的饲料。及时清除粪便，每周更换或增添垫草。牲畜进舍前应对畜舍彻底消毒，封闭1周。

F. 坚持"全进全出"的饲养制。同一栋畜舍不得饲养不同日（月）龄的牲畜或不同品种的牲畜。从进入畜舍饲养到上市或转群，应整批进、整批出，在上市或转群前应始终饲养在一个畜舍内。

G. 饲养人员要坚守岗位，自觉遵守卫生防疫制度，严禁窜栋。各畜舍中的用具和设备必须固定使用。

H. 经常清除畜舍附近和场内的垃圾、杂草。每季进行一次环境消毒，经常开展灭鼠、灭蚊蝇和灭蟑螂工作。

（2）增强动物特异性抵抗力。为了预防传染病，除了加强饲养管理和严格执行各种卫生防疫措施外，还必须进行免疫接种，以增加牲畜的特异性免疫（获得性免疫）力，提高畜体抵抗力。这也是预防传染病的重要手段。

（3）发生传染病的紧急措施。

①兽医人员应该经常深入畜舍观察群体的健康状况。一旦发现异常，经检查、剖检，疑为某种传染病时，应立即隔离，做到早发现、早确诊、早处理。

②发生口蹄疫、新城疫、猪瘟等烈性传染病时，要立即封锁现场，并向上级主管部门报告，采取果断措施。

③病畜舍及使用过的用具，必须进行严格彻底的清洗和消毒，并需空置一定时间后才能再行使用。粪便和污物堆积发酵后方可使用。

④要根据传染病的种类和发生情况，采取相应的紧急接种措施和消毒办法，把传染病消灭在首发畜群中。尽量做到不使传染病扩散到另外的畜群当中。

⑤对在发生传染病期间死亡的畜只和淘汰的病畜，必须焚烧或深埋或集中处理。病死畜禁止食用，更不能出售给小贩，否则会造成更大的危害，给养殖业甚至给整个社会带来更大的经济损失。

（4）卫生消毒管理。现代养殖业都是高密度饲养、集约化经营，因此疾病的传播速度非常快，一旦发病，传染范围会迅速扩大，很难根除。为预防养殖场发生流行疫病，必须消灭病源、切断传播途径和提高牲畜的抗病能力。

（七）新工具应用

深化农业保险"天地空"一体化服务体系建设，开发多种功能的APP，推行"保险＋互联网"。充分利用移动互联的技术和优势，由农户自己或"三农"协保员，利用移动设备在"前端"完成理赔查勘和资料收集后，直接通过网络传输到"后端"，由农业保险案件处理人员进行操作处理，具有信息通畅、公司省钱、员工省力、业务处理便捷、保户满意的功能特点。通过新工具的应用，进一步提升农业保险科技创新实践成效，促进农业保险精细化管理，有效提升承保质量和理赔效率，助推公司农业保险向更高质量发展转型。

1. **"易农险"系统。**"易农险"业务软件主要以市场常见的智能手机为处理终端，通过云平台发布的数据服务，提供业务信息采集、地块采集、现场验地、缴费信息录入、上报并打印、导航定位、拍照存档多种功能，可以尽快采集保险业务信息、确认投保地块到户、检核标的物信息，使现场人员快速准确完成承保工作。发生保险灾害后，"易农险"可提供地块编号、地块面积、地块坐落、地块四至等属性并进行赋值，有效杜绝客户的道德风险。"易农险"软件的主要功能如下表所示。

功能分类	功能名称	功能说明
信息采集	保险产品类型	
	证件自动识别	自动扫描识别身份证上的姓名及身份证号码，汉族身份识别率达到90%以上，少数民族识别率达到70%以上
	银行卡自动识别	自动识别银行卡号，国有商业银行识别率达到90%以上，其他商业银行识别率达到70%以上
	地址自动获取	当前位置所在行政区
地块采集验标	图层控制	显示电子地图、卫星影像、已绘制地块、建制村界线、采集地块等信息
	定位	当前位置定位
	选择地块	选择已勾绘地块
	绘制地块	直接绘制或沿地块移动，利用定位功能采集界址点闭合
	编辑地块	地块合并、地块分割、地块删除
	背景地图显示	含指南针、比例尺
	标的拍照水印	显示保险业务员姓名、工号、标的、地块、经纬度拍摄地址、拍摄朝向、拍摄时间
缴费信息	缴费信息	地块面积、投保面积、根据单位保险金额、缴费比例、保险费率等自动计算保费
上报打印	上报并打印	采集内容上报，包括承保信息和地块信息平面图，打印后由农户完成缴费并签字确认

2. **养殖业保险远程理赔系统。**主要内容见下图。

（1）业务流程。养殖险远程理赔系统以移动端APP为依托，以公司或第三方中转平台为桥梁，连接核心业务系统，实现小额养殖险案件的快速处理，具体流程如下图所示。

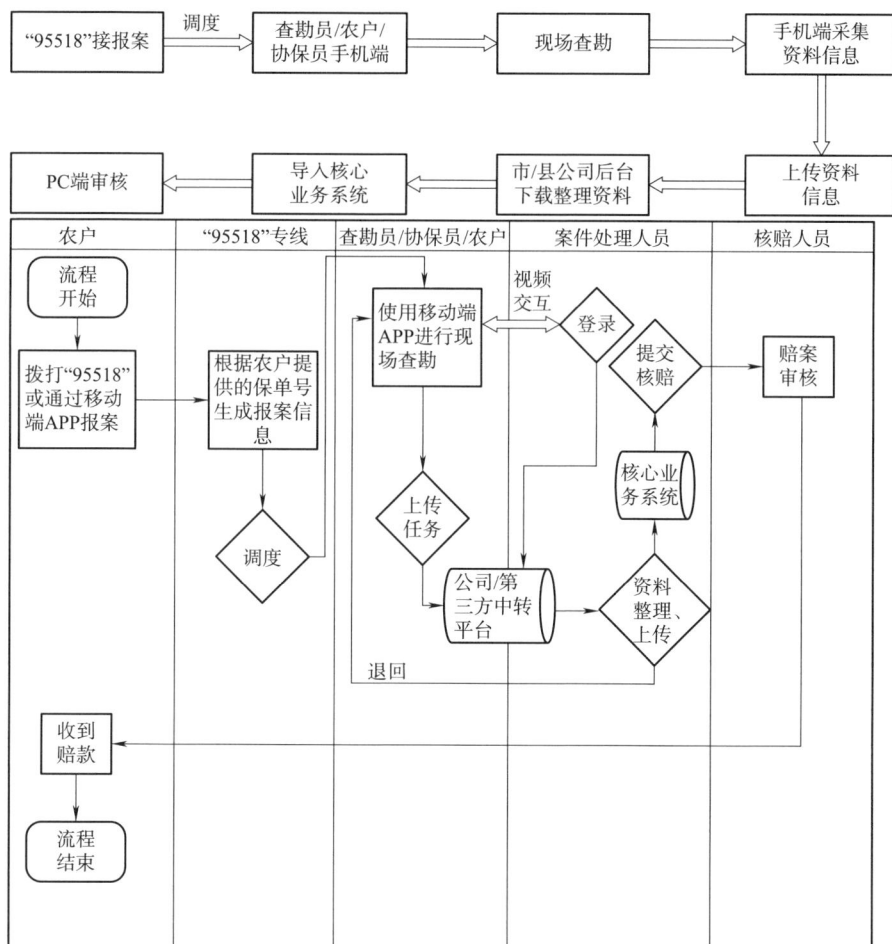

（2）报案及调度环节。

①农户报案时明确保单的情况。

A. 农户通过拨打"95518"专线进行报案，"95518"客服人员接到报案后，根据保单信息、报案信息生成报案号。调度岗根据报案信息将报案号任务发送给查勘人员。

B. 需要转报案的，转报案人员拨打"95518"专线，说明转报案并提供真实被保险人的手机号，生成有效报案。调度岗根据报案信息将报案号任务发送给查勘人员。

C. 理赔人员已进行现场查勘的，可使用非人工客服协助被保险人报案，即通过远程理赔系统输入保单号或扫描保单上的二维码（待开发）。录入被保险人手机号后，核心业务系统向被保险人手机发送短信验证码。被保险人通过验证码确认之后，系统根据查勘结果自动生成报案信息并自动补派发任务至查勘人员的远程理赔系统上。

D. 调度到移动端的业务，可以通过"退回"或"移交"的方式，将案件返回调度人员重新调度给其他人。

②农户报案时不明确保单号的情况。

A. 农户通过拨打"95518"专线进行报案，"95518"客服人员接到报案后，生成临时报案号。调度岗根据报案信息将临时报案号任务发送给查勘人员。

B. 查勘人员到达现场后确认保单信息，打开远程理赔系统，在有信号的情况下，可以通过输入保单号或扫描保单二维码，与核心业务新系统进行数据验证，转为正式的报案，生成报案号。

C. 在没有信号的情况下，仅输入保单号或扫描保单二维码，同时按照正常的案件处理顺序进行操作，等网络条件恢复后，再与核心业务系统进行数据验证，在提交的同时，转为正式的报案。

D. 调度到移动端的业务，可以通过"退回"或"移交"的方式，将案件返回调度人员重新调度给其他人。

（3）查勘环节。

查勘人员在移动端 APP 操作的环节是案件第一手信息的重要来源。查勘环节获取信息除应满足核心业务系统相关字段要素录入的基本要求外，对于影像资料的采集也应符合理赔实务的要求。

①界面设计。移动端 APP 操作界面的设计应充分考虑手机设备的屏幕尺寸，结合移动端触屏操作的特点，以精简明晰的形式展现给系统使用者。原则上界面的内容应包括中国人民保险（PICC）的 Logo 和所在属地公司的名称。

②信息采集。信息的采集同样应充分考虑移动端设备的功能特点，尽量减少用户的手工录入操作，能自动获取信息的，由系统自动填写。例如：报案号、保单号的前若干位，可根据当地机构归属自动填写；出险地点信息，

可根据移动端定位功能自动填写；查勘时间信息，可根据系统服务器内置时钟自动填写；查勘人员信息，可根据系统登录账号自动填写；被保险人身份信息和银行卡信息，可结合 OCR 技术实现自动读取。同时，对必录项目、必拍资料进行配置，辅助"前端"的查勘人员完成规定动作，保证查勘质量。有条件的地区应配套蓝牙打印机或开发电子签名技术，实现小额案件"一站式"无纸化处理，减少纸质单证资料填写工作。

③风险管控。通过移动端 APP 录入的关键信息如：时间信息、位置信息、使用人员信息、照片属性信息（报案号、查勘人员信息、时间地点信息、PICC 防伪信息）等应做到不可随意修改。同时，应加强移动端 APP 后台管理系统的建设，尤其是承保端相关信息的提前录入以及和畜牧兽医部门行业管理措施的融合。建立业务必需的大数据库，加强用户管理，通过"用户轨迹管理""电子围栏技术""账号密码与设备绑定"等功能，形成完整的风险管控体系，实现案件资料"有源"可溯，杜绝人为操作风险。

（4）案件处理环节。案件处理环节主要由"后端"的案件处理人员进行操作，涉及平台登录、资料审核及下载整理、资料导入核心业务系统等节点。

案件处理人员登录的平台是移动端 APP 的后台管理系统，查勘人员通过移动端采集的资料全部临时储存在该平台。案件处理人员需要登录平台，将对应案件的资料信息下载审核，整理完毕后导入到核心业务系统。鉴于新一代农业保险综合信息平台正在推广调试期，各地情况差异性巨大，当前养殖业保险远程理赔系统的开发暂不考虑与其直接对接。

3. 拍照 APP。此功能为单独的 APP，适用于没有条件开展在线远程理赔的地区。此 APP 具备农业保险专用查勘相机的一切功能，同时还具备传统查勘相机不具备的优势：①可记录地理位置信息、操作人员信息、时间信息，还可以一拍查重等；②集多功能于一身，可携带更少的设备；③可向后台输送必要的业务大数据。

4. 测亩仪。该 GPS 测亩仪机型为佳明 209X 型，简单易操作，面积确定准确，无论开车、骑摩托车还是步测等，能实时显示面积。此工具的应用可有效解决承保理赔小面积亩数确定难、农业保险服务时效性差等问题，加强农业保险精细化管理，进一步提升工作效率。

5. 无人机查勘。 为进一步提升农业保险查勘效率，针对现场查勘难度大、耗时长的实际情况，保险公司引入无人机技术，有效提升现场查勘效率，提升理赔服务速度。目前上级公司已采购并成功试飞大疆精灵 Phantom 4 四旋翼无人机、大疆悟 Inspire 2 高端四旋翼无人机，配备两名专业人员操作。随地随时调配使用，实现农业保险快速查勘、迅速理赔。

（八）增值服务

为做好农业重大自然灾害的预防、预警和灾后农业生产恢复工作，最大限度地减轻自然灾害对农业造成的损失，保证农业生产安全、有序、可持续发展，人保财险盐池支公司特设以下增值服务：

1. 气象助农服务。 上级公司与宁夏回族自治区气象部门签订气象保险战略合作协议后，人保财险盐池支公司积极与盐池县气象局进行对接，对盐地县的气象监测和预警服务进行了深入的了解，对重大自然灾害措施进行了沟通，初步达成战略合作协议，免费为农户提供以下气象助农服务：①对未来 3 天每 24 小时和未来 3 天每 3 小时灾害性天气进行提醒；②发生连续性旱灾时进行人工降雨或降雪；③发生突发性冷空气对流，造成冰雹灾害性天气时，增加消雹弹数量。

2. 开展农业技术指导。 自开办农业保险业务以来，人保财险盐池支公司与地方政府及各职能部门互动沟通，充分发挥保险企业的优势。为了促进地方经济更好发展、保障农民持续增产增收，每年聘请 5 名农业农村局的种植、养殖专家，免费为全县 8 个乡（镇）的农户群众进行种植业和养殖业的技术指导，对发生重大灾害后的农业生产恢复工作进一步建言献策。

图书在版编目（CIP）数据

保险扶贫的小数实践研究：基于宁夏盐池范例的小数法则探索/吴华等著 . —北京：中国农业出版社，2023.7

ISBN 978-7-109-30566-3

Ⅰ.①保…　Ⅱ.①吴…　Ⅲ.①保险业-关系-扶贫-研究-盐池县　Ⅳ.①F842.743.4②F127.434

中国国家版本馆 CIP 数据核字（2023）第 056266 号

中国农业出版社出版

地址：北京市朝阳区麦子店街 18 号楼
邮编：100125
责任编辑：贾　彬　文字编辑：蔡雪青
版式设计：杨　婧　责任校对：刘丽香
印刷：北京印刷集团有限责任公司
版次：2023 年 7 月第 1 版
印次：2023 年 7 月北京第 1 次印刷
发行：新华书店北京发行所
开本：700mm×1000mm　1/16
印张：10
字数：190 千字
定价：58.00 元